税務形式基準の実務対応

トラブルの回避 と 判断上の問題点

税理士

嶋　協
shima　　*kanou*

はじめに

　最近、様々な場面において、それぞれの業界における「常識」という言葉を耳にする。
　例えば、それは医療業界における「常識」であったり、建設業界における「常識」であったり、官公庁の世界における「常識」であったりするのだが、当然それらは同じものではなく、他の業界の人には分からないことが多いと思われる。
　税務の世界においても、そのような側面があり、同じ取引について判断する場合にも、見方によって、考え方が異なることが少なからずある。おそらく共通の「常識感」があれば、さほどその差は大きくならないであろうが、そうでなければ、かなり異なる判断になることもあるかもしれない。
　その問題を緩和するためには、相手方の視点における「常識感」を理解することが必要になるものであり、それを踏まえたうえで、最終的にどの視点からの「常識感」で判断するのが適正なのかを見極めることが重要になると考えられる。
　また、ここでいう「常識感」は時代の変遷によって、多少なりとも変化していくものであり、常に同じではないことが少なくない。

　本来、我が国における申告納税制度においては、納税者が自ら税法の規定に基づいて、所得金額及び納付税額を計算し、申告納税をすることになっているが、現実問題として税法の規定は、分かりやすいものとは言い難く、むしろ専門的であり、難解である部分が多いのが実情である。
　そこで税制調査会は、昭和38年12月の「所得税法及び法人税法の整備に関する答申」において、「所得税法等の構成においては、租税法律主義の建前を根本としつつ、同時に、一般納税者に判りや

すい法令体系にすることを考慮して、法令と政令、省令等との間に規定の適切な配分を行うものとする。すなわち、納税者の負担及び制度の仕組み等に関する基本的事項はすべて法律に規定するが、他面、課税関係に多く見られるところのきわめて専門的、技術的な面や手続にわたる事項については、法律で制度の骨子を規定したのち、その内容の詳細は政令以下で規定することとする。」と示しており、政令や省令、告示さらに通達で規定すべき内容について、それぞれ配分して定めている。

　実は、本書で取り上げた「税務形式基準」は、それらの中において数多く用いられているものであり、結果的に税務執行では役に立っているものと考えられる。

　本書は、基本的に納税者の視点で問題点を捉えていることから、筆者の個人的な主張が強い傾向もあるが、お読みいただいた皆様がそれぞれの項目について、「問題あり」とご認識いただければ幸いである。

　また本書で取り上げた項目は、税目を含めて偏りがあるが、その点については、読者の皆様のご叱咤やご批判を仰ぎながら、今後も研鑽を積み、補完していきたいと考えている。

　本書をご一読いただいた実務家の皆様にとって、本書の内容が些少なりともお役に立つものであれば、これに過ぎたる喜びはない。

　私自身、税理士登録し税理士業界に入って間もなく26年となるが、これまで私を叱咤激励していただき、また本書を書く契機を与えていただいた『税務形式基準と事実認定』の著者である山本守之先生に心より深謝を申し上げます。

平成27年5月

　　　　　　　　　　　　　　　　　　　　　　　　嶋　協

目次

Content

序章　税務上の形式基準とは

1 概　要 ·· 2
2 税務形式基準の分類 ··· 3
 1 ● 法令において別段の定めとして定められている形式基準 ············· 3
 2 ● 法令解釈上の基本通達として定められている形式基準 ················ 3
 3 ● 法令等の定めはないものの、執行上税務慣行となっている形式基準 ····· 3
3 税務形式基準の問題点 ·· 4

第1章　法人税関係の形式基準の問題点とその対応

01　役員退職金算定時における功績倍率 ············ 8

■ 問題の所在 ··· 8
1 規定の概要 ··· 9
2 形式基準の内容 ·· 10
 1 ● 功績倍率方式（最高功績倍率・平均功績倍率）·················· 10
 2 ● 1年当たり平均額法 ·· 11
 3 ● 類似法人の退職給与平均額方式 ·································· 11
 4 ● 国家公務員退職手当方式 ··· 12
3 実務上のトラブルの原因 ·· 12
 1 ● トラブル事例の検討 ··· 12
 2 ●「代表者功績倍率3倍是認説」の崩壊 ······························ 16
4 トラブルを招かない実務の留意点・問題点 ····················· 17

1● 功績倍率執行上の問題点に対する実務の対応 ……………………17
　　　2● 新たな算定方法の必要性 …………………………………………18

02 役員の実質的退職
　　～分掌変更のケース ……………………………………………… 20

■ 問題の所在 ……………………………………………………………… 20
① 規定の概要 ……………………………………………………………… 22
　　　1● 役員の退職とは ……………………………………………………22
　　　2● 役員退職給与の損金算入時期 ……………………………………22
② 形式基準の内容 ………………………………………………………… 25
③ 実務上のトラブルの原因 ……………………………………………… 26
　　　1● 分掌変更による退職金の支給について
　　　　 損金算入を認めなかった事例 ……………………………………26
　　　2● 分掌変更による退職金の分割支給について
　　　　 損金算入が認められた事例 ………………………………………27
④ トラブルを招かない実務上の留意点・問題点 ……………………… 32
　　　1● 分掌変更等の場合の役員退職金の損金算入時期 ………………32
　　　2● 分掌変更等の場合の「退職したと同様」の認定 ………………32

03 役員給与の損金不算入制度
　　～定期同額給与における「業績の著しい悪化」とは ………… 34

■ 問題の所在 ……………………………………………………………… 34
① 規定の概要 ……………………………………………………………… 39
　　　● 役員給与規定の趣旨 ………………………………………………39
② 形式基準の内容 ………………………………………………………… 40
③ 実務上のトラブルの原因 ……………………………………………… 41
　　　1● 定期同額給与で問題となる「経営状況が著しく悪化」のケース ……41

2 ● 業績悪化改定事由に該当しないものとされたケース ………… 44
　　　3 ● 「役員に関するQ&A」の追加
　　　　　〜業績の著しい悪化が不可避と認められる場合の役員給与の減額 …… 46
　　4 トラブルを招かない実務上の留意点・問題点 ………………… 47

04 事前確定届出給与
〜職務執行期間の拘束性、社会保険料対策としての利用 …… 50

■ 問題の所在 ……………………………………………………………… 50
1 規定の概要 ……………………………………………………………… 57
2 形式基準の内容 ………………………………………………………… 58
　　1 ● 概要 …………………………………………………………………… 58
　　2 ● 事前確定届出給与届出書の記載事項 …………………………… 59
3 実務上のトラブルの原因 ……………………………………………… 59
　　1 ● 職務執行期間の捉え方が問題となったケース ………………… 60
　　2 ● 社会保険料対策として検討するケース ………………………… 61
4 トラブルを招かない実務上の留意点・問題点 ………………… 62
　　1 ● 事前確定届出給与に係る「職務執行期間」の考え方 ………… 62
　　2 ● 社会保険料対策の利用の考え方 ………………………………… 62
　　3 ● まとめ ……………………………………………………………… 63

05 損害賠償金の収益計上時期 ……………………… 64

■ 問題の所在 ……………………………………………………………… 64
1 規定の概要 ……………………………………………………………… 65
　　1 ● 損失と同時に計上する考え方（同時両建て説）〜権利確定主義 …… 65
　　2 ● 損失と切り離して計上する考え方（異時両建て説） ………… 65
2 形式基準の内容 ………………………………………………………… 65
3 実務上のトラブルの原因 ……………………………………………… 66

　　　　1 ● 同時両建て説により計上すべきとされたケース……………… 67
　　　　2 ● 損害賠償権自体が法人に帰属しないとされたケース………… 70
　　4 トラブルを招かない実務上の留意点・問題点………………………… 73

06 交際費等の損金不算入制度……………………… 75

■ 問題の所在………………………………………………………………… 75
　1 規定の概要………………………………………………………………… 77
　2 形式基準の内容…………………………………………………………… 78
　3 実務上のトラブルの原因………………………………………………… 79
　　　　1 ● 交際費等に該当しないとされたケース……………………… 79
　　　　2 ● 交際費等に該当するとされたケース
　　　　　　〜無償優待入場券の交際費該当性……………………………… 80
　4 トラブルを招かない実務上の留意点・問題点………………………… 82

07 資本的支出と修繕費
　　〜区分上の形式基準 ………………………………… 84

■ 問題の所在………………………………………………………………… 84
　1 規定の概要………………………………………………………………… 94
　2 形式基準の内容…………………………………………………………… 95
　3 実務上のトラブルの原因………………………………………………… 96
　　　　1 ● 修繕費等として認められるケース〜オーバーホールと修繕 ……… 96
　　　　2 ● 資本的支出に該当するとされたケース
　　　　　　〜電話交換機用のプログラムの開発費用の取扱い…………… 99
　4 トラブルを招かない実務上の留意点・問題点……………………… 102

08 有価証券の評価損………………………………… 104

■ 問題の所在……………………………………………………………… 104

1 規定の概要	112
1●企業会計のスタンス	112
2●税法のスタンス	112
2 形式基準の内容	113
1●「価格の著しい下落」とは	113
2●「近い将来回復の見込みがない」とは	114
3 実務上のトラブルの原因	115
4 トラブルを招かない実務上の留意点・問題点	118
1●上場有価証券の場合	118
2●非上場有価証券の場合	119

09 債権放棄、回収不能による貸倒損失の計上 …… 121

■ 問題の所在	121
1 規定の概要	126
2 形式基準の内容	127
1●法人税基本通達9-6-1(4)関係	127
2●法人税基本通達9-6-2関係	129
3 実務上のトラブルの原因	129
1●法人税基本通達9-6-1(4)関係	129
2●法人税基本通達9-6-2関係	130
4 トラブルを招かない実務上の留意点・問題点	132
1●法人税基本通達9-6-1(4)関係	132
2●法人税基本通達9-6-2関係	134

10 保証金償却分に係る収益計上時期 …………… 135

■ 問題の所在	135

- 1 規定の概要 ………………………………………………… 135
- 2 形式基準の内容 …………………………………………… 136
- 3 実務上のトラブルの原因 ………………………………… 136
- 4 トラブルを招かない実務上の留意点・問題点 ………… 140
  - 1 ● 保証金償却分に係る収益計上時期の判断ポイント … 140
  - 2 ● 保証金支払サイドにおける処理方法 ……………… 141

11 逆養老保険 ……………………………………………… 143

- ■ 問題の所在 ………………………………………………… 143
- 1 規定の概要 ………………………………………………… 145
- 2 形式基準の内容 …………………………………………… 145
  - 1 ● 定期保険（法基通9－3－5）……………………… 145
  - 2 ● 養老保険（法基通9－3－4）……………………… 146
- 3 実務上のトラブルの原因 ………………………………… 148
  - ● 逆養老保険とは ……………………………………… 148
- 4 トラブルを招かない実務上の留意点・問題点 ………… 149

12 借地権税制 ……………………………………………… 151

- ■ 問題の所在 ………………………………………………… 151
- 1 規定の概要 ………………………………………………… 155
- 2 形式基準の内容 …………………………………………… 155
  - 1 ● 認定課税が行われない形式基準 …………………… 155
  - 2 ● 地主と借地人の税務上の権利関係 ………………… 157
- 3 実務上のトラブルの原因～届出書の事後提出のケース … 159
  - 1 ● 設例 …………………………………………………… 159
  - 2 ● 検討 …………………………………………………… 159

④ トラブルを招かない実務上の留意点・問題点 ……………… 162
　1 ● 定期借地権制度の普及 …………………………………… 162
　2 ● 現行制度上の問題点 ……………………………………… 165

第2章　消費税関係の形式基準の問題点とその対応

01 消費税の課否判定 ……………………………………… 168

■ 問題の所在 …………………………………………………… 168
① 規定の概要 …………………………………………………… 171
② 形式基準の内容 ……………………………………………… 173
　1 ●「事業者が事業として行う取引」とは ………………… 173
　2 ● VAT（欧州付加価値税）における納税義務者・課税対象 ……… 174
③ 実務上のトラブルの原因 …………………………………… 176
　1 ● 外注費が給与と認定された事例 ………………………… 176
　2 ● マンション管理組合に支払った管理費等が仕入税額控除の
　　　対象とならないとされた事例 …………………………… 176
④ トラブルを招かない実務上の留意点・問題点 ……………… 177
　1 ● 雇用か、請負かの問題点 ………………………………… 177
　2 ● マンション管理費の取扱いに対する問題点 …………… 179

02 消費税の仕入税額控除の調整措置に
　　係る適用の適正化 ……………………………………… 182

■ 問題の所在 …………………………………………………… 182
① 規定の概要 …………………………………………………… 187
② 形式基準の内容 ……………………………………………… 187

1 ● 事業者免税点制度の適用の見直し………………………… 187
　　　2 ● 簡易課税制度の適用の見直し……………………………… 189
　　　3 ● 届出書が無効とされるケース……………………………… 190
　③ 実務上のトラブルの原因……………………………………… 191
　④ トラブルを招かない実務上の留意点・問題点……………… 192

03 住宅非課税と仕入税額控除……………………………… 193

　■ 問題の所在……………………………………………………… 193
　① 規定の概要……………………………………………………… 194
　② 形式基準の内容………………………………………………… 195
　③ 実務上のトラブルの原因……………………………………… 196
　④ トラブルを招かない実務上の留意点・問題点……………… 198
　　　1 ● 実務上の留意点…………………………………………… 198
　　　2 ● 制度上の問題点…………………………………………… 199

第3章　相続税関係の形式基準の問題点とその対応

01 非上場株式の評価方法に関する形式基準
　　～原則方式か配当還元方式か ……………………………… 202

　■ 問題の所在……………………………………………………… 202
　① 規定の概要……………………………………………………… 205
　　　1 ● 取引の非市場性…………………………………………… 205
　　　2 ● 取引の非継続性…………………………………………… 206
　　　3 ● 保有目的の相違性………………………………………… 206
　　　4 ● 経営安定性の欠如………………………………………… 207

  5 ● 評価の困難性 ……………………………………………… 207
② 形式基準の内容～評価方法の体系 ………………………………… 208
  1 ● 類似業種比準価額方式 …………………………………… 208
  2 ● 純資産価額方式 …………………………………………… 209
  3 ● 配当還元方式（特例評価方式）………………………… 210
③ 実務上のトラブルの原因 …………………………………………… 212
④ トラブルを招かない実務上の留意点・問題点 …………………… 214
  1 ● 租税法律主義における財産評価通達の位置付け …… 214
  2 ● 原則評価方式と特例評価方式の区分 ………………… 215
  3 ● 類似業種比準価額の必要性 …………………………… 217
  4 ● 純資産価額の適正化 …………………………………… 217

02 事業承継税制
〜非上場株式等についての相続税の納税猶予の適用要件 …… 219

■ 問題の所在 …………………………………………………………… 219
① 規定の概要 …………………………………………………………… 222
② 形式基準の内容〜事業承継税制の概要 …………………………… 222
  1 ● 制度の概要（措法 70 の 7 の 2）……………………… 222
  2 ● 適用対象のケース ……………………………………… 223
  3 ● 納税猶予額の免除のケース …………………………… 227
  4 ● 納税猶予税額の全額納付のケース …………………… 227
  5 ● 納税猶予額の一部納付のケース ……………………… 229
  6 ● 納税猶予制度の要件緩和（平成 27 年度税制改正項目）……… 229
③ 実務上のトラブルの原因 …………………………………………… 232
④ トラブルを招かない実務上の留意点・問題点 …………………… 232

第4章　所得税関係の形式基準の問題点とその対応

01 経済的利益に対する課税
〜住宅家賃 ………………………………………………… 236

- ■ 問題の所在 …………………………………………………… 236
- ① 規定の概要 …………………………………………………… 238
- ② 形式基準の内容 ……………………………………………… 239
    - 1 ● 使用人に対する社宅等の貸与の場合 ………………… 239
    - 2 ● 役員に対する社宅等の貸与の場合 …………………… 240
- ③ 実務上のトラブルの原因 …………………………………… 241
- ④ トラブルを招かない実務上の留意点・問題点 …………… 245
    - 1 ● 現行制度の問題点 ……………………………………… 245
    - 2 ● 適正な徴収すべき家賃の把握 ………………………… 246

02 経済的利益に対する課税
〜従業員慰安旅行の費用 ………………………………… 263

- ■ 問題の所在 …………………………………………………… 263
- ① 規定の概要 …………………………………………………… 264
- ② 形式基準の内容 ……………………………………………… 264
- ③ 実務上のトラブルの原因 …………………………………… 265
- ④ トラブルを招かない実務上の留意点・問題点 …………… 265
    - 1 ● 制度上の問題点 ………………………………………… 265
    - 2 ● 新たな福利厚生制度への課税の対応 ………………… 266

凡　例

　本書において、カッコ内などにおける法令等については、次の略称を使用しています。
　【法令名略称】
　消法　　　　消費税法
　措法　　　　租税特別措置法
　措令　　　　租税特別措置法施行令
　法基通　　　法人税基本通達
　所基通　　　所得税基本通達
　評基通　　　財産評価基本通達
　＜記載例＞
　消法32④一：消費税法第32条第4項第1号
　所基通9－6－1：所得税基本通達9－6－1

　【出典等】
　TAINS　　　日税連税法データベース

※本書における「関係条文等」に掲載した法令・通達等については、内容を損なわない範囲で略して掲載しているものがある。
※本書の内容は、平成27年5月1日現在の法令等に依っている。

序章

税務上の形式基準とは

税務上の形式基準とは

1 概　要

　税務上の実務では、数多くの「形式基準」が設けられている。

　それらの具体例としては、「相当の地代は相続税評価額の年6％相当額」、「弔慰金は、業務上の死亡は月額給与の3年分、業務上以外の死亡は月額報酬の6か月分」、「不動産管理会社（管理委託方式）の管理料は8％まで」など、様々なものがある。

　ある意味において、「税務形式基準」は納税者にとっても、課税庁にとっても好都合のものであるという側面があり、その基準の範囲内であれば認められるか否かの判断基準として機能するなど、税務執行の公平性の維持に役立っているという見方もある。

　ただし、それらの中には、法令や通達で定められたものではなく、課税庁の内部基準として定められており、一般には公開されていないものや、Q&A、質疑応答事例で示されているもの、またあたかも税務上の"常識"として一人歩きしているものなどもあるのが実情である。

　たしかに「形式基準」を設けることにより、納税者に画一的に対応できるかもしれないが、特殊事情があるケース等では、それが足かせとなって税務上の公平性を阻害してしまう可能性も否定できない。

　特に法的な裏付けのないQ&Aなどで課税要件に近い内容を示していることについては、租税法律主義の視点から見ると、明らかに違和感があり、仮に税務訴訟になった場合に、それらがどのように取り扱われるのかという疑問もある。

そこで、本書では、それらの「税務形式基準」の代表的なものについて、裁判例等を参考に、実務上どのように対応していくべきかを検討していく。

2 税務形式基準の分類

　税務上の形式基準については、前述したように数多くのものがあるが、それらは拘束力からみると、おおむね次のように3つに分類することができる。

1 ●法令において別段の定めとして定められている形式基準
＜具体例＞
① 所得税関係……扶養親族等の判定基準、譲渡所得の特例の適用範囲など
② 法人税関係……寄附金の損金算入限度額、交際費等における少額飲食費、役員給与における「定期同額給与」、「事前確定届出給与」など
③ 相続税関係……各種控除における控除額、相続開始前3年以内贈与財産の加算、贈与税の配偶者控除など
④ 消費税関係……課税判定要件、新設法人の定義、特例の適用上の判定基準（簡易課税、免税事業者など）、各種届出制度など

2 ●法令解釈上の基本通達として定められている形式基準
＜具体例＞
① 所得税関係……所得区分における5棟10室基準、各経済的利益（海外慰安旅行、社宅家賃、貸付金利息等）の判定基準など
② 法人税関係……借地権課税における各種届出制度、相当の地代年6％、商品引換券における収益計上時期、短期前払費用、消耗

品の損金算入時期、非上場株式の時価など
③　相続税関係……財産評価基本通達制度、弔慰金の適正額など
④　消費税関係……免税事業者の基準期間の金額判定ベース、非課税の範囲など

3 ●法令等の定めはないものの、執行上税務慣行となっている形式基準

＜具体例＞
①　所得税関係……事業所得における交際費等の収入に対する割合、青色専従者給与の適正額など
②　法人税関係……役員退職給与における功績倍率、不動産管理会社における適正管理料、ＭＳ法人における適正差益率等、債権放棄における債務超過の相当期間、取引における時価認定など
③　相続税関係……広大地評価の適用範囲など
④　消費税関係……帳簿記載要件における許容範囲、Q&Aや質疑応答事例による解説など

3 税務形式基準の問題点

　上記で区分したもののうち、*1*については法令で定められていることから従わざるを得ないものであり、また*2*についても、法令等の解釈指針としてのものであることから絶対的なものとはいえないものの、参考とすべきものであると考えるべきであろう。
　特に実務上で問題となるのは、*3*における税務形式基準である。それらの中には、いわゆる課税庁における内部資料（研修教材、法人税課情報など）に示されているものや、書面化されていないが税務の現場において調査官から示されたものなど様々なものがあるが、これらは課税庁の都合で一方的に適用すべきものではなく、納

税者に示され、理解を得られたうえで適用すべきものといえる。
　あくまでも、租税法律主義における課税要件の解釈上の一つとして形式基準が設けられているにすぎないことに留意する必要がある。
　また、当然のことではあるが、それらの形式基準は社会状況の変化によって変わっていくべきものである。

第1章

法人税関係の形式基準の問題点とその対応

01 役員退職金算定時における功績倍率

問題の所在

① 役員退職金の適正額の算定方法について、法令で明示される絶対的な計算方法が確立されていない。

② 役員退職金の算定に際して、実務的には功績倍率方式を利用することが多いが、納税者が参考とすべき類似法人のデータを入手することは、きわめて困難である。

③ 功績倍率に関するデータについては、課税庁がホームページ等により公表することは行われていない。

関係条文等

＜法人税法34条《役員給与の損金不算入》＞

　内国法人がその役員に対して支給する給与（退職給与及び第54条第1項に規定する新株引受権によるもの並びにこれら以外のもので使用人としての職務を有する役員に対して支給する当該職務に対するもの並びに第3項の規定の適用があるものを除く。以下この項において同じ。）のうち次に掲げる給与のいずれにも該当しないものの額は、その内国法人の各事業年度の所得の金額の計算上、損金の額に算入しない。

一〜三　（略）

2　内国法人がその役員に対して支給する給与（前項又は次項の規定があるもの除く。）の額のうち不相当に高額な部分の金額として政令で定める金額は、その内国法人の各事業年度の所得の金額

の計算上、損金の額に算入しない。

3～6（略）

<法人税施行令70条《過大な役員給与の額》>

　法第34条第2項（役員給与の損金不算入）に規定する政令で定める金額は、次に掲げる金額の合計額とする。

一　（略）

二　内国法人が各事業年度においてその退職した役員に対して支給した退職給与の額が、当該役員のその内国法人の業務に従事した期間、その退職の事情、その内法人と同種の事業を営む法人でその事業規模が類似するものの役員に対する退職与の支給状況等に照らし、その退職した役員に対する退職給与として相当である認められる金額を超える場合におけるその超える部分の金額

三　（略）

1　規定の概要

　上記のように、法人税法34条《役員給与の損金不算入》1項によると、「内国法人がその役員に対して支給する給料（退職給与や使用人兼務役員の使用人分給与等一定のものを除く。）のうち、次に掲げるいずれにも該当しないものの額は、その内国法人の各事業年度の所得の金額の計算上損金の額に算入しない。」と規定しており、退職給与については対象から除外している。

　つまり、役員退職給与については、原則である法人税法22条3項による《損金の額》に算入すべき販管費等であることから、損金の額に算入されるのであるが、法人税法34条2項により「不相当に高額な部分の金額」は損金の額に算入しないことが示されている。

したがって、税務上は役員給与として支給する金額が適正額か否かがポイントになる。

2 形式基準の内容

　役員退職給与を算定するに当たって、多くの会社（特に上場企業等の大会社）では、過去の実績や類似会社のデータなどを参考として、その会社独自の退職給与規定を設けるのが一般的であり、それに従って役員退職給与を支給しているのが実情だと思われる。
　具体的に、役員退職給与の算定方法としては、次のような方法がある。

1 ●功績倍率方式（最高功績倍率・平均功績倍率）

　退職する役員の最終報酬月額をベースに勤続年数及び功績倍率を乗じて役員退職金を計算する方法であり、具体的には次の算式で計算する。

功績倍率方式

（比準法人の）功績倍率＝退職金の額／最終報酬月額×勤続年数
役員退職金の適正額＝最終報酬月額×勤続年数×比準法人の功績倍率

　仮に、比準法人の退職した役員の勤続年数が25年、最終報酬月額が50万円、退職給与の額が2,000万円とした場合の功績倍率は次のようになる。

　　2,000万円／50万円×25年＝1.6（功績倍率）

　さらに、対象となる法人で退職する役員の最終報酬月額が60万円、勤続年数を22年とすると、適正額は次のようになる。

　　60万円×22年×1.6（功績倍率）＝2,112万円

　この方法は、実務上もっとも多く利用される計算方法であるが、

次の要件さえ満たしていれば、大変合理的であり、かつ計算しやすい方法ということができる。
① 退職時点における役員の最終報酬月額が、その役員の会社に対する貢献度からみて適正額であること
② 比準法人において、類似する退職の事例があること
なお、①では類似法人が複数ある場合には、その中の最も高い功績倍率を用いる方法（最高功績倍率方式）と平均功績倍率を用いる方法（平均功績倍率方式）とがある。

2 ● 1年当たり平均額法

功績倍率方式は、上記①で示した要件が整っていれば合理的な方法であるが、例えば退職時の報酬月額が適正額と比較して低額又は高額になっている場合には、結果として役員退職金としての適正額も不当に低額又は高額となってしまうことになる。

そこで、比準法人（複数）の役員退職給与の支給事例を参考に、退職金支給額を勤続年数で除して、1年当たりの退職給与の額（平均値）を求め、その金額に対象会社の退職役員の勤続年数を乗じて計算するものである。

この方法によると、役員の退職時の最終報酬額にかかわらず、適正額の計算が可能となる。

ただし、このケースについても上記の②と同様に比準法人の類似する退職事例が何件かなければならないという条件がある。

3 ● 類似法人の退職給与平均額方式

この方法は、考え方としては②と同じものであるが、1年当たりの退職給与の計算等は行わず、単純に類似法人の退職給与支給額の平均値を参考とするものである。

つまり、計算自体は簡単であるが、個別事情があまり反映されな

いことになる。

4 ●国家公務員退職手当方式

　この方式は、過去の裁決例で適用されたことがあるもので、国家公務員手当法で定められている退職手当の算定方法に準じて計算するものである。

　そもそも、民間の企業と国家公務員は業務内容も、その実態も大きく異なるものであることから、比較すること自体に疑問があるが、上記で示した比準法人等のデータが全くない場合には、多少は参考になるかもしれない。

3 実務上のトラブルの原因

1 ●トラブル事例の検討

　上記の 2 で示した役員退職給与の算定方法は、いずれも法定化されたものではなく、しかもどの方法が優先的に適用されるべきものかについても、決められているものではない。

　さらに、納税者が比準法人の参考数値を入手するのは、非常に困難であることから、その適正額について税務現場においてもトラブルになることが見受けられる。

　現に、役員退職給与についての適正額が問題となった、次のような判決例がある。

【東京高裁平成25年7月18日判決：TAINS Z888-1788】

1　概要

　不動産賃貸業及び損害保険代理店を営む法人Ａが、死亡退職した代表取締役甲に対して支給した役員退職金6,032万円（最終報酬月額32万円×13年×14.5倍）について、課税庁は過大であるとして、損金算入限度額を功績倍率3.0倍により1,248万円と算出し、差額の

4,784万円を過大役員退職給与として更正処分した。

これに対して法人Aは審査請求及び税務訴訟を行い、訴訟段階でTKCデータから同業種・同規模の類似法人を抽出したうえで、抽出データ中の最高功績倍率3.0倍に、功労加算の30％を上乗せした1,622万円（32万円×13年×3.0倍×1.3）であると主張した。

一方、課税庁は訴訟段階において、課税庁の抽出法人による平均功績倍率で算出した490万8,800円（32万円×13年×1.18倍）を新たに主張したところ、地裁、高裁とも課税庁の主張を全面的に支持した。

2　主な論点

① 平均功績倍率か、最高功績倍率か

＜納税者の主張＞

同業類似法人における役員退職給与の支給状況と比較するための方法としては、功績倍率法（平均功績倍率、最高功績倍率）及び1年当たり平均法が一般的であるところ、いずれの方法が優先的に用いられるべきであるかという一般的な優劣関係は存在しないから、両者のうち納税者に有利な方法が採用されるべきである。

なお、最高功績倍率は、同業種法人として抽出された法人が少数に止まり、その功績倍率に開差がある場合において、その最高値が特異な値でないときには、当該値こそが有力な参考基準となるのであって、一般的抽象的に見て、最高功績倍率法が算定方法の合理性の点において平均功績倍率法及び1年当たり平均法に劣るということはない。

納税者の利益を考慮すべきであることや平均額を超えた場合に直ちにこれが「不相当に高額」であるとすることは明らかに不合理であることからすれば、最高功績倍率法こそが有力な参考基準となるというべきである。

＜課税庁の主張＞

平均功績倍率法は、退職した役員の当該法人に対する功績がその

退職時の報酬に反映されていると考え、同種類似法人の役員に対する退職給与退職給与の支給の状況を平均功績倍率として把握し、比較法人の平均功績倍率に当該退職役員の最終報酬月額報酬及び勤続年数を乗じて役員退職給与の適正額を算定するものであり、法人税法施行令70条（旧法令72条、過大な役員給与の額）の趣旨に最も合致するものである。

したがって、役員退職給与の適正額の算定方法としては、これによることが相当と認められないような特段の事情が認められない限り、法人税法施行令70条の趣旨に最も合致する平均功績倍率によるべきである。

なお、最高功績倍率法は、比較法人の中にたまたま不相当に過大な退職給与を支給しているものがあったときには明らかに不合理な結論となるものであり、算定方法の合理性の点で、平均功績倍率法に劣るものである。

＜東京高裁の判断＞

東京高裁では、「平均功績倍率は、比較法人間に通常存在する諸要素の差異やその個々の特殊性が捨象される。より平準化された数値が得られるため、法令の趣旨に最も合致する合理的な方法である。」としており、また、最高功績倍率が平均功績倍率に劣る理由として、過大役員退職給与混入を挙げたうえで、最高功績倍率は一定の条件のもとで例外的・限定的に採用することができると示している。

（最高功績倍率が採用された事例としては、東京高裁昭和60年9月17日判決や仙台高裁平成10年4月7日判決などがあるが、それぞれ3.0倍と3.18倍である。）

② 功労加算金について

＜納税者の主張＞

功績倍率方式に併せて、貢献度その他の特殊事情も考慮すべきで

ある。

　退職慰労金には相当程度の功労加算が認められるべきであるところ、退職慰労金の加算制度を採用している会社における加算支給率は、基本慰労金の30％以内としている会社が最も多いことからすれば、本件退職給与適正額を算定するに当たってもこれを基礎とすべきである。

＜課税庁の主張＞

　法人税法施行令70条においては、まず退職役員個人の特殊事情がきわめて顕著である従事期間及び退職の事情を例示し、退職役員個人の事情が他の会社に比べてきわめて顕著とはいえない種々の事情については、共通的に表現し得ると思われる同業種・同規模の法人を挙げ、これらを基準として判定することと定めたのであって、同業種・同規模の法人を抽出することにより捨象される特殊事情は、もはや再度考慮する必要はないというべきである。

＜東京高裁の判断＞

　東京高裁では、通常の特殊事情は功績倍率に織り込まれており、再度抽出する必要はないとしているが、類似法人の役員に通常存する事情を超える特殊事情がある場合には、別途考慮する余地があると判示している。

③　比較法人の抽出について

区　分	納 税 者 （TKCのデータから抽出）	課 税 庁
抽出数	4社（うち、1社は功績倍率 不明のため3社を採用）	3社
抽出地域	全国	関東信越国税局管内
抽出年度	H19年度	H13.2.1-18.9.30
抽出業種	不動産業・金融保険業	不動産業
売上規模	2,000万円以上 1億300万円以下	納税者の1/2以上 2倍以下

※課税庁による抽出内容

売上金額	退職金支給額	最終報酬月額	勤続年数	功績倍率
75,944,100円	1,250万円	50万円	25年	1.00
81,463,189円	3,800万円	30万円	23年	2.07
50,008,832円	1,500万円	30万円	41年	0.46

（原告）5,142万2,000円　　　　　　　　　　　（平均値）1.18

④　参考事項

なお、甲にはＡ社以外からも退職金等が次のとおり支払われており、退職金について同様の更正処分が行われている（すべてＡ社のグループ企業である。）。

（単位：万円）

	退職金	弔慰金	合計
Ａ社	6,032	384	6,416
Ｂ社	7,210	618	7,828
Ｃ社	4,950	300	5,250
Ｄ社	4,080	300	4,380
Ｅ社	6,615	560	7,175
合計	28,887	2,162	31,049

ただし、役員退職金の適正額はあくまでもそれぞれの法人ごとに判定すべきものであり、上記のように複数の法人から多額の退職金を得ているケースであっても、決して総額で判断されるものではない。

2 ● 「代表者功績倍率3倍是認説」の崩壊

いわゆるバブル期には、「代表者の死亡退職時の功績倍率は3倍までなら認められる」という説が流れたこともあるが、本東京高裁の判決によって、現行の実務上ではそのような過去の慣行における

取扱いは絶対的なものではない可能性があることが明確になったといえる。

4 トラブルを招かない実務の留意点・問題点

1 ●功績倍率執行上の問題点に対する実務の対応

　実務における現実の問題として、特に中小企業の場合では、同種・同規模の類似法人を見つけ出すことすら困難（不可能に近い）であり、たとえ業種や売上規模が同じであっても、人的問題などの状況が異なることからすると、一律に平均功績倍率を超える場合には高額と認定し損金算入を認めないという執行には疑問を感じる。

　また、最近はバブル期と異なり、役員の報酬は上昇し続けるものとはいい切れず、退職時における月額報酬が最高時よりもかなり低くなっているケースも珍しくない。

　現に、月額報酬がピーク時よりもかなり低額となっている場合に、過去数年間の月額報酬の平均値を使用するなどの方法を行っているケースもあるようだが、その方法自体も公式に認められたものではなく、その適用にどの程度の弾力性が認められているかについては、不明である。

　最終報酬月額については、次のような死亡退職した会長の最終報酬月額が低額すぎるため、代替わりした現代表者の月額報酬の2分の1が適正であるとして適用された事例がある。

【高松地裁平成5年6月29日判決：TAINS Z195-7150】

　実質的に長期間法人の経営を支配しながらも、経営の安全性及び現代表者である長男の報酬等を考慮し、自身の報酬を月額5万円としていた会長の死亡退職に際し、最終報酬月額の認定について、会社に対する貢献度、功績等を考慮した場合、最終月額報酬を機械的に5万円とするのは適当ではない。また、会長は死亡前に肝硬変等

により長期間入院していたこと等を考慮すると、現代表者の月額報酬の２分の１程度が相当であるとした。

月額報酬が減額されている場合には、功績倍率方式ではなく、１年当たり平均額法（管轄内の同規模法人の退職金支給実績から、１年当たりの平均額を算定し、それに勤続年数を乗ずる方法*）などを検討する余地もあろうと考える。

＊１年当たり平均額の具体例…札幌地裁昭和58年５月27日判決より
（比準法人の数値）

最終報酬月額	功績倍率	勤続年数	退職金	１年当たりの退職給与額
55万円	7.3	20年	8,000万円	4,000,000円
90万円	3.5	19年	5,985万円	3,150,000円
44万円	3.4	20年	3,000万円	1,500,000円

（平均値）2,883,000円

仮に、対象法人における対象者の勤続年数が20年の場合は、2,883,000円×20年＝5,766万円となる。

2 ●新たな算定方法の必要性

過去の判例等をみても、現行の役員退職給与の税務上の適正額の算定は、功績倍率法以外の方法はほとんど存在しないと思われている傾向がある。

これは、我々税理士がそれに従い、特に異論を申し立てることもなく、何十年も経過してしまったことの弊害でもあるのではないかと思われる。

前述のように、いわゆるバブル期では、法人サイドも退職金を支給するために、ある程度の余力もあったことから、便宜性の面から利用していたに過ぎず、冷静に考えると、決して優れた役員退職金の算出方法とはいえないのではないかと考える。

また、**1**でも示したように納税者が類似法人の功績倍率のデータを入手するのは非常に困難であるうえ、仮に異議申立て等により課税庁と功績倍率について争うケースでは、豊富なデータを有する課税庁と、ごく限られたデータしか持ちえない納税者とでは明らかに対等の資料をもつ状況にないことを考慮すると、情報公開の意味でも、課税庁サイドにおいて、ある程度の業種別・規模別の参考となる功績倍率を、ホームページで示す義務があるのではないだろうか。

　また、現在は法人税法上の役員の過大報酬等の判定など、個々の財産の評価や取引等価額の算定・妥当性の判断に関するものは対象から除外されている国税庁による事前照会制度であるが、制度を見直し、それらも対象とするよう制度の改正が望まれる。

　なお、功績倍率方式以外の方法を考えた場合、やはり本来の役員退職金の意味からすると、現実的には「法人に対する功労・貢献の対価」である要素が強いと思われる。そう考えると、適正額の基準としては、例えば役員である期間に支払った報酬の一定割合や、法人利益貢献基準額（法人の過去数年間における営業利益等をベースに、1年当たりの貢献額を算定し、それに勤務年数を乗じるなど）など、いくつかの方法から、それぞれの法人に合った選択も認めるなどの対応も考えられるのではないかと思われる。

02 役員の実質的退職
～分掌変更のケース

問題の所在

① 法人税基本通達9-2-28において、役員退職金として実際に支払った日の属する事業年度に損金経理した場合にも認められる旨が示されているが、どの程度の期間が許容範囲となるのか。

② 本来、退職という事実があって損金の額に算入されるべき役員退職金について、それに準じる場合についても損金算入を認めるという趣旨で、法人税基本通達9-2-32が設けられている。

③ 法人税基本通達9-2-32に示す給与の激減等の分掌変更に該当するとされる具体的な3つの例示は、単なる形式的な基準であるのか。

　（イ）　常勤役員が非常勤役員に

　（ロ）　取締役が監査役に

　（ハ）　分掌変更後の給与を50％以上激減

④ ③の分掌変更のケースについても、①の法人税基本通達9-2-28が適用されるのか。

関係条文等

＜法人税9-2-28《役員に対する退職給与の損金算入の時期》＞
　退職した役員に対する退職給与の額の損金算入の時期は、株主総

会の決議等によりその額が具体的に確定した日の属する事業年度とする。ただし、法人がその退職給与の額を支払った日の属する事業年度においてその支払った額につき損金経理をした場合には、これを認める。

<法人税基本通達9-2-32《役員の分掌変更等の場合の退職給与》>

　法人が役員の分掌変更又は改選による再任等に際しその役員に対し退職給与として支給した給与については、その支給が、例えば次に掲げるような事実があったことによるものであるなど、その分掌変更等によりその役員としての地位又は職務の内容が激変し、実質的に退職したと同様の事情にあると認められることによるものである場合には、これを退職給与として取り扱うことができる。
(1) 常勤役員が非常勤役員（常時勤務していないものであっても**代表権を有する者及び代表権は有しないが実質的にその法人の経営上主要な地位を占めていると認められるものを除く。**）になったこと。
(2) 取締役が監査役（監査役でありながら**実質的にその法人の経営上主要な地位を占めていると認められる者及びその法人の株主等で令第71条第1項第5号《使用人兼務役員とされない役員》に掲げる要件の全てを満たしているものを除く。**）になったこと。
(3) 分掌変更等の後におけるその役員（その分掌変更等の後においてもその法人の経営上主要な地位を占めていると認められる者を除く。）の給与が激減（おおむね50％以上の減少）したこと。
(注) 本文の「退職給与として支給した給与」には、原則として、法人が未払金等に計上した場合の当該未払金等の額は含まれない。

※太字は筆者による。

1 規定の概要

1 ●役員の退職とは

　法人税法では、退職給与の意義について特に定めてはいないが、その適用については、基本的に所得税法における退職所得の取扱いを準用するものと考えられる。

　つまり、所得税法30条による「退職手当、一時恩給その他の退職により一時に受ける給与及びこれらの性質を有する給与」が退職給与ということになるが、過去の判例等によると、その認定基準としては、次の3要件が示されている。

① 退職すなわち勤務関係の終了という事実によってはじめて給付されること（退職基因要件）
② 従来の継続的な勤務に対する報酬ないし、その間の労務の対価の一部の後払の性質を有すること（労務対価要件）
③ 一時金として支払われること（一時金要件）

　なお、この要件は3つすべてを備えていなくても、実質的にそれらの要件を満たすと認められるものは、「これらの性質を有する給与」のものとして取り扱われる。

　例えば、支払われた給与等が、定年の延長又は退職年金制度の採用等の合理的な理由による退職金制度の実質的改変により精算の必要があって支給されるものであったり、あるいは、勤務関係の性質・内容・労働条件等において重大な変更があって、形式的には継続している勤務関係が、実質的には単なる従前の勤務関係の延長とは見られないなどの特別の事実関係があるなどのケースは、これに該当するものと考えられる（最高裁昭和58年12月6日判決）。

2 ●役員退職給与の損金算入時期

　平成18年度の税制改正により、役員退職給与の損金経理要件が

廃止されたことにより、役員退職給与の損金算入時期は、次のように確定した事業年度（原則）又は実際に支給した事業年度（例外）のいずれかによることとなっている（法基通9-2-28）。

① 原則

　役員退職給与は、株主総会の決議等により役員退職給与の額が確定した日の属する事業年度に損金の額に算入される。

　なお、上記したように損金経理要件がないことから、株主総会等の決議等により、役員退職給与の額が確定すれば、経理方法のいかんを問わず、その確定した事業年度の損金の額に算入することができる。

　また、ここでいう株主総会の決議等とは、株主総会や社員総会の決議だけではなく、株主総会の委任を受けた取締役会の決議も含まれる。

② 例外

　役員退職給与の額を、実際に支払った日の属する事業年度において、その支払った金額について損金経理した場合には損金算入が認められることとなっている。

　これは、例えば役員退職給与規程を有する法人が、取締役会等の決議（つまり株主総会の決議前）により、当該規程に基づいて退職給与を支払い、費用処理している場合についてまで、原則的な取扱いしか認めないというのは、あまりにも現実にそぐわないということである。

　また、株主総会の決議等により役員退職給与の額が定められた場合であっても、資金繰りの都合により支給の時期が遅れるようなケースについても、その支給の時期が大幅に遅れ、その退職金の確定自体に疑義が生じるなど特殊なものを除いて認められることになる。

　なお、役員退職給与を分割支給する場合の期間制限について明確

なものは定められていないが、参考となる次の文献がある。

> ＜問＞　役員退職給与の支給について、株主総会でその額が承認決議されましたが、資金繰りの関係上、3年の年賦払いにより支給することになりました。この場合、その支給時に損金経理したときは、実際に支給した日の属する事業年度において、損金算入することが認められますか。
>
> ＜答＞　役員退職給与は、株主総会の決議等によりその額が具体的に確定した日の属する事業年度において損金算入できるほか、実際に支給した日の属する事業年度において損金算入することもできます。
>
> ＜解説＞
> 　これは法基通9-2-28で定められた取扱いですが、利益調整等による企業の恣意性を排除する一方、不相当に高額で損金として認め得ないようなものは格別として、役員であるがゆえ、資金繰りがつくまでは実際に支給しないということも十分あり得るであろうと思われることから、実態に即した取扱いを認めようとする趣旨によるものと考えられます。
> 　したがって、ご質問のように、資金繰りの都合による3年分割支給についても、当該退職給与が不相当に高額でない限り、損金経理した事業年度における損金算入が認められることとなります。

（出典）東京国税局調査第一部調査審理課編著　堀之内建二監修『法人税実例集成』六訂新版（税務研究会）

　本記述は、あくまでも目安にしかならないが、東京国税局調査審理課の編著において、実務上は3年程度の分割支給が認められる旨の見解が示されていたわけである。

2 形式基準の内容

　役員の退職給与については、上記したように、役員の退職という事実があったことを前提として損金の額に算入される。

　しかし、退職という事実がなかった場合であっても、分掌変更等によりその役員としての地位又は職務の内容が激減し、**実質的に退職したと同様の事情にあると認められるものである場合**には、これを退職給与として取り扱うことができる。

　ここでいう「実質に退職したと同様の事情」として通達で例示しているのは、上記した次の3つである。

---

① 　常勤役員が非常勤役員（常時勤務していないものであっても**代表権を有する者及び代表権は有しないが実質的にその法人の経営上主要な地位を占めていると認められるものを除く。**）になったこと。

② 　取締役が監査役（監査役でありながら**実質的にその法人の経営上主要な地位を占めていると認められる者及びその法人の株主等で令第71条第1項第5号《使用人兼務役員とされない役員》に掲げる要件のすべてを満たしているものを除く。**）になったこと。

③ 　分掌変更等の後におけるその役員（その**分掌変更等の後においてもその法人の経営上主要な地位を占めていると認められるものを除く。**）の給与が激減（おおむね50％以上の減少）したこと。

　本通達は、法人がその役員の分掌変更又は改選による再任等に際して、役員退職給与を支給した場合において、その分掌変更等が実質的に退職と同様の事情にあるときには、その支給した金額は退職

給与として取り扱うことが相当であることから、その額が過大でない限り損金の額に算入することとし、分掌変更等が退職と同様の事情にあるかどうかは、その分掌変更後における職務の内容・役員としての地位の激減に事実により実質的に判定することを示しているものである。

なお、①～③は、あくまでも例示であり、たとえ形式的に報酬が激減したという事実があったとしても、実質的に退職したと同様の事情にない場合には、その支給した臨時的な給与を退職給与として損金算入できる余地がないことはいうまでもない。

3 実務上のトラブルの原因

2で示した法人税基本通達の「実質的に退職したと同様の事情」について、形式的な要件さえ満たせば認められるのではないかという解釈から、その判断について問題となった次のような事例がある（当時は、上記基本通達のかっこ書の実質判定の表示はなかった。）。

1 ●分掌変更による退職金の支給について損金算入を認めなかった事例

【京都地裁平成18年2月10日判決（TAINS Z256-10309）、大阪高裁平成18年10月25日判決（TAINS Z257-10652）、最高裁第三法廷平成19年3月13日判決（TAINS Z256-10553）】

甲社において、代表取締役を退任したA及び取締役を退任したBに対して退職金5,560万円を支払い、これを損金の額に算入したところ、課税庁は、両者の退職の事実がないことを理由に損金算入を否認し、納税者が取消しを求めた事例である。

（課税庁の主張）
① Aは分掌変更後も実質的に経営上重要な地位を占めている役員に該当し、甲社を主催していることには変わりがないので、実質的に退職したと同様の事情があるとは認められない。そして、Aに対する役員報酬は、甲社の決算の赤字が続いているにもかかわらず、平成13年10月に増額されており、平成14年4月に減額されている経過は不自然であり、法人税の納付を回避することを目的とするものであるから、実質的に報酬の減額があるとはいえない。
② またBは、取締役を辞任した後も、常勤の監査役となっており、またその配偶者と併せて、甲社の株式の相当数を有していることに照らせば、実質的に退職と同様の事情があるということはできない。
③ 甲社が、本件事業年度において、A及びBに対して退職金を支給することを決めた動機は、本件事業年度中に団体生命保険の満期保険金等として1億5,614万5,106円を収受し、既積立額を控除した9,498万5,373円を雑収入とし、甲社は法人税額の増額を避けるためにA及びBを退職させたと受け取れる。

つまり、保険金の入金による税負担を軽減するために、形式的に役職を変更し、給与を減額した場合であっても、実質的に退職したと同様の事情にない場合には、退職金の損金算入は認められないとした事例である。

2 ●分掌変更による退職金の分割支給について損金算入が認められた事例

本件で問題としている法人税基本通達9-2-32の具体的な退職事実の要件とは直接的には関係はないが、関連する注目すべき判決が出されたので紹介する。

【東京地裁平成27年2月26日判決（平成24年（行ウ）第592号）：TAINS Z888-1918】
1　事案の概要
　法人Ｘ（8月決算）の創業者であるＡが、平成19年8月31日に法人Ｘの代表取締役を辞任して非常勤取締役となったことに伴い、Ａに対する退職金として2億5,000万円を支給することを決定し、平成19年8月末日に7,500万円、平成20年8月29日に1億2,500万円を支払い退職給与として申告したところ、2回目の平成20年8月に支払った1億2,500万円は退職給与に該当せず、損金の額に算入できない更正処分したことについて、納税者が取消しを求めた事例。

　なお、本件における分掌変更に際してＡに対する月額報酬は87万円から40万円に引き下げられている。

2　事案における論点
① 2回目の退職金が「退職基因要件」を満たすか
＜原処分庁の主張＞
　本件において、役員は分掌変更により退職はしておらず、本件支給額は少なくとも形式的には退職基因要件を満たしておらず、Ｘ社は平成19年8月時点で株主総会議事録及び取締役会議事録を作成していない。また、平成19年8月期の貸借対照表において、本件支払額について未払計上もしていない。
＜Ｘ社の主張＞
　当社は、株主総会において、本件分掌変更においてＡに対する退職慰労金を支給することを決議し（2億円～3億円）、その詳細を取締役会に一任したのである。その結果、取締役会として、平成19年8月に7,500万円、残額を3年以内に支払うことを決議し、本件支払はその一部として支給されたものであることから、退職基因要件を満たしていることは明らかである。

②　2回目の支払分が退職給与に該当するか否か
＜原処分庁の主張＞
　役員退職給与とは、役員が会社その他の法人を退職したことによって支給される一切の給与をいい、法人が、形式上退職職給与として役員に対して支給した給与であっても、役員が実際に退職した事実がない場合には、当該給与は原則として臨時的な給与（賞与）として取り扱われることとなる。役員退職給与の支給対象となった役員が引き続き役員として在職している場合には、たとえ代表取締役を辞任し代表権を喪失しても、単に役員としての分掌が変更されたに過ぎないものであるから、当該会社を退職したということはできない。
　また、法人の役員の分掌変更等により、役員としての地位や職務の内容が激変した場合については、実質的な退職とみなして多くの企業で退職金を支給する慣行があることを考慮して、法人税基本通達9-2-32が設けられているが、これは本来法律では認められない損金算入を特例的、恩恵的に認めるという特例通達であることに加え、①でも示したように、本件支給分は同通達における退職基因要件を満たしていない。
＜X社の主張＞
　法人税法は、退職給与につき特段の定義規定を設けておらず、その意味内容は、文言の通常の意味や関係法令の定めを踏まえて解釈すべきであるところ、所得税法が退職所得について定義しており、これと異なる解釈をとる特段の必要性は見当たらない。また、退職という言葉の通常の意味についても、分掌変更を実質的に退職と見て退職給与を支給する慣行があり、判例等でも同様の解釈が示されている。
　また、原処分庁は法人税基本通達9-2-32は特例通達であると主張しているが、その解釈は租税法律主義に反するものであるし、ま

た法律にない要件を通達解釈上で上乗せすることは許されないから、同通達の要件を満たさなければ、分掌変更等に際して支給される役員退職金を「退職給与」として損金算入することができないということはできない。

3　裁判所の判断

① 　2回目の退職金が「退職基因要件」を満たすか

　本件役員は、本件分掌変更の前後を通じてX社の取締役の地位にはあるものの、同社の代表権を喪失し、非常勤役員となって、その役員報酬額も半額以下とされたのであり、本件分掌変更によって、X社を一旦退社したと同視できる状況にあったということができる。

　そして、前記のとおり、X社は㋑本件株主総会において、Aに対して、本件分掌変更に伴う退職慰労金（2億円～3億円を目安とする。）を支給することとして、その支給金額等の詳細は取締役会が決定することを決議し、㋺本件株主総会の委任を受けた取締役会において、役員慰労金を2億5,000万円とし、これを分割支給すること等を決議して、㋩本件役員慰労金として平成19年8月31日に7,500万円を、平成20年8月29日に1億2,500万円をそれぞれ支給したのであり、これらの事実に鑑みれば、本件2回目の支給額は退職基因要件を満たしているというべきである。

② 　2回目の支払分が退職給与に該当するか否か

　法人税法34条1項は、損金の額に算入しないこととする役員給与の対象から、役員に対する退職給与を除外しており、役員退職給与は、法人税額の計算上、損金の額に算入することができることとされているところ、その趣旨は、役員退職給与は、役員としての在任期間中における継続的な職務執行の対価の一部であって、報酬の後払いとしての性格を有することから、役員報酬が適正な額の範囲内で支払われるものである限り、定期的に支払われる給与と同様、経費として、法人の所得の金額の計算上損金の額に算入すべきもの

であることによるものと解される。

　そして、同法は「退職給与」について、特段の定義規定は置いていないものの、同法34条１項が損金の額に算入しないこととする給与の対象から役員退職給与を除外している趣旨に鑑みれば、役員退職給与とは、役員が会社等を退職したことによって初めて支給され、かつ、役員としての在任期間中における継続的な職務執行に対する対価の一部の後払としての性質を有する給与であると解すべきである。

　そして、役員の分掌変更又は改選等による再任等がされた場合において、例えば常務取締役が経営上主要な地位を占めない非常勤取締役になるなど、役員としての地位又は職務の内容が激変し、実質的には退職したと同様の事情にあると認められるときは、分掌変更等の際に退職給与として支給される給与も、従前の役員としての在任期間中における継続的な職務執行に対する対価の一部の後払としての性質を有する限りにおいて、同項にいう「役員給与」に該当するものと解することができる。

　この点、被告（原処分庁）は、分掌変更のように、役員が実際に退職した事実がない場合には、退職給与として支給した給与であっても、本来、臨時的な給与（賞与）として取り扱われるべきであり、法人税基本通達９-２-32がその特例を定めた特例通達である旨主張しているところ、同主張が、分掌変更に伴い支給される金員は、本来、法人税法上の退職給与に該当しないという趣旨であるならば、これを採用することはできない。

　以上によれば、本件２回目の支給額は、法人税法上の「退職給与」に該当するというべきである。

4 トラブルを招かない実務上の留意点・問題点

　税務上で認められる役員の退職金の支給のなかでも、分掌変更等により退職金を支給しようとする場合には注意が必要となる。

1 ●分掌変更等の場合の役員退職金の損金算入時期

　上述した*3*の*2*の判決により、法人税基本通達9-2-32による分掌変更により退職金を支給するケースであっても、同9-2-28の例外規定である支払時の損金算入が認められることが示されたことには注意したい。

　ただし、そのことにより分掌変更により退職金を支給するケースについては、未払金計上分は認められないのに対し、分割支給は認められるという不平等な取扱いが生じてしまうことから、その点については通達の内容を整理する必要があるのではないかと思われる。

2 ●分掌変更等の場合の「退職したと同様」の認定

　特に中小同族会社において、役員の分掌変更により退職金を支給する場合には、法人税基本通達9-2-32でも示されている「法人の経営上の主要な地位を占めている」者は対象とならないことに注意したい。

　あくまでも、**実質的に退職したと同様の事情にあると認められるものである場合**に退職金の支給が認められるのであって、上記の通達に示された形式基準を満たしていれば損金算入が認められる、という意味ではないということに注意したい。

　ただし、仮にそうであれば、現実問題として中小同族会社において分掌変更により役員退職金の損金算入が認められるケースはかなり限定されることとなり、企業実態と税務の取扱いにギャップが生じる事態となる。

　また、基本通達において、このような具体的な要件（まさに課税

要件に準ずるようなもの）を定めている点についても、租税法律主義の視点からも問題があると感じる。
　つまり、役職上は代表者を退いて報酬が半分以下となったケースであっても、経営に係る発言権を維持している場合は対象とならないことから、例えば長期療養状態で経営に携わることは難しい状況にあるにあるとか、認知症等により経営から完全に退いていることが説明できることが必要になるということである。
　いずれにしても、現通達を維持するのであれば、現在の社会状況に則した機能性のある内容として見直す必要があると考える。

03 役員給与の損金不算入制度
～定期同額給与における「業績の著しい悪化」とは

問題の所在

○ 期中（事業年度開始後３か月経過後以降）であっても減額改定が認められる、「経営状況が著しく悪化したことその他これに類する理由」とは、具体的にどのような場合を指すのか。

関係条文等

＜法人税法34条《役員給与の損金不算入》＞

　内国法人がその役員に対して支給する給与（退職給与及び第54条第１項に規定する新株引受権によるもの並びにこれら以外のもので使用人としての職務を有する役員に対して支給する当該職務に対するもの並びに第３項の規定の適用があるものを除く。以下この項において同じ。）のうち次に掲げる給与のいずれにも該当しないものの額は、その内国法人の各事業年度の所得の金額の計算上、損金の額に算入しない。

一　その支給時期が１月以下の一定の期間ごとである給与で当該事業年度の各支給時期における支給額が同額であるものその他これに準ずるものとして政令で定める給与

二～三（略）

＜法人税法施行令69条《定期同額給与の範囲等》＞

　法第34条第１項第１号（役員給与の損金不算入）に規定する政令で定める給与は、次に掲げる給与とする。

一　法34条第１項第１号に規定する定期給与で、次に掲げる改定（以下この号において「給与改定」という。）がされた場合における当該事業年度開始の日又は給与改定前の最後の支給時期の翌日から給与改定後の最初の支給時期の前日又は当該事業年度終了の日までの間の各支給時期における支給額が同額であるもの
イ　当該事業年度開始の日の属する会計期間開始の日から３月を経過する日（保険会社にあっては、当該会計期間開始の日から４月を経過する日。イにおいて「３月経過日等」という。）まで（定期給与の額の改定（継続して毎年所定の時期にされるものに限る。）が３月経過日等後にされることについて特別の事情があると認められる場合にあっては、当該改定の時期）にされた定期給与の額の改定
ロ　当該事業年度において当該内国法人の役員の職制上の地位の変更、その役員の職務の内容の重大な変更その他これらに類するやむを得ない事情（以下「臨時改定事由」という。）によりされたこれら役員に係る定期給与の額の改定（イに掲げる改定を除く。）
ハ　当該事業年度において当該内国法人の経営状況が著しく悪化したことその他これに類する理由（以下「業績悪化改定事由」という。）によりされた定期給与の額の改定（その定期給与の額を減額した改定に限り、イ及びロに掲げる改定を除く。）
二　継続的に供与される経済的な利益のうち、その供与される利益の額が毎月おおむね一定であるもの

関係質疑応答事例

定期給与の額を改定した場合の損金不算入額（定期同額給与）
【照会要旨】
　当社（年１回３月決算）は、Ｘ年５月25日に開催した定時株主総会において、前年から引き続き取締役甲に対し毎月20日に月額

50万円の役員給与を支給することを決議していますが、甲の統括する営業部門の業績が好調であることから、X＋1年2月10日に臨時株主総会を開催し、同月分の給与から月額20万円ずつ増額して支給することを決議しました。

　X＋1年2月の増額改定は、臨時改定事由による改定に該当しない改定ですが、①事業年度開始の日から定時株主総会による給与改定の前までの定期給与（4月及び5月の給与）、②定時株主総会による給与改定後から事業年度終了の日までの定期給与（6月から翌年3月までの給与）について、それぞれ定期同額給与に該当しますか。また、定期同額給与に該当しない場合、損金不算入額の算定はどのように行えばよいですか。

【回答要旨】
　取締役甲に支給する4月及び5月の給与は定期同額給与に該当します。また、6月以降の給与について、増額改定後の期間（翌年2月及び3月の2か月間）においては増額改定前の支給額である50万円に20万円を上乗せして支給することとしたものであるともみることができることから、その増額改定前の定期給与の額（50万円）に相当する部分が引き続き定期同額給与として支給されているものと考えられます。したがって、損金不算入額は、増額改定後の定期給与の額のうち増額改定前の支給額に上乗せして支給した部分の金額40万円（20万円×翌年2月及び3月の2か月分）となります。

（理由）
　定期給与の額の改定（法人税法施行令第69条第1項第1号イからハまでに掲げる改定に限ります。）があった場合において、当該事業年度開始の日又は給与改定前の最後の支給時期の翌日から給与改定後の最初の支給時期の前日又は当該事業年度終了の日までの間の各支給時期における支給額が同額であるものは、定期同額給与に該当することとされています（法令69①一）。

　すなわち、一事業年度中に複数回の改定（法人税法施行令第69

条第１項第１号イからハまでに掲げる改定に限ります。）が行われた場合には、改定の前後で期間を区分し、それぞれの期間ごとに、その期間中の各支給時期において支給される定期給与の額が同額であるかを判定することとなります。

　例えば、年１回３月決算の法人が毎月20日に役員給与を支給することとしている場合において、５月25日に開催した定時株主総会において定期給与の額は前年の定時株主総会において決議された額と同額とすること（以下「同額改定」といいます。）を決議した後、翌年２月10日に法人税法施行令第69条第１項第１号ロに掲げる臨時改定事由による改定を行ったときには、次の①から③までに掲げる各支給時期における支給額がそれぞれごとに同額である場合には、それぞれが定期同額給与に該当し、それぞれ損金算入の対象となることとなります。

① 当該事業年度開始の日（4/1）から同額改定後の最初の支給時期の前日（6/19）までの間の各支給時期　⇒４月20日、５月20日
② 同額改定前の最後の支給時期の翌日（5/21）から臨時改定事由による給与改定後の最初の支給時期の前日（2/19）までの間の各支給時期　⇒６月20日、７月20日、…、１月20日
③ 臨時改定事由による給与改定前の最後の支給時期の翌日（1/21）から当該事業年度終了の日（3/31）までの間の各支給時期　⇒２月20日、３月20日

　照会の場合には、翌年２月に行われた改定が法人税法施行令第69条第１項第１号に掲げるいずれの改定にも該当しないことから、定時株主総会の決議による同額改定の前後で期間を区分し、それぞれの期間ごとに、その期間中の各支給時期において支給される定期給与の額が同額であるかどうかを判定することとなります。具体的には、次の①又は②に掲げる各支給時期における支給額が同額である場合には、それぞれが定期同額給与に該当することとなります。

① 当該事業年度開始の日（4/1）から同額改定後の最初の支給時期の前日（6/19）までの間の各支給時期　⇒4月20日、5月20日
② 同額改定前の最後の支給時期の翌日（5/21）から当該事業年度終了の日（3/31）までの間の各支給時期　⇒6月20日、7月20日、…、3月20日

　ただし、定期給与の額について、照会のように法人税法施行令第69条第1項第1号に掲げる改定以外の増額改定後（翌年2月以降）の各支給時期における支給額が同額であるときなどは、増額改定後の期間（翌年2月及び3月の2か月間）において増額改定前の支給額に改定による増額分を上乗せして支給することとしたものであるともみることができると考えられます。

　したがって、照会の場合は、①に掲げる各支給時期における支給額は同額となっているため、①に掲げる各支給時期における定期給与は定期同額給与に該当し、損金算入の対象となります。また、②に掲げる各支給時期における支給額は、翌年2月に行われた改定後の各支給時期における支給額が同額であるため、増額改定後の期間（翌年2月及び3月の2か月間）において増額改定前の支給額である50万円に20万円を上乗せして支給することとしたものであるともみることができることから、その増額改定前の定期給与の額（50万円）に相当する部分が引き続き定期同額給与として支給されているものと考えられます。これにより、損金不算入額は、増額改定後の定期給与の額のうち増額改定前の支給額に上乗せして支給した部分の金額40万円（20万円×翌年2月及び3月の2か月分）となります。

（注）　本照会は、役員給与の額を株主総会で決議することとしていますが、例えば、株主総会で役員給与の支給限度額を定め、各人別の支給額は取締役会で決議するなど、会社法等の法令の規定に従って役員給与の額を決議するものは、この事例における株主総会での決議と同様に取り扱って差し支えありま

せん。
【関係法令通達】
　法人税法第34条第1項第1号、法人税法施行令第69条第1項第1号

1　規定の概要

●役員給与規定の趣旨

　本来役員給与は、法人との委任契約に基づいて職務執行の対価として支払われる販売費及び一般管理費であることから、法人税法22条により損金の額に算入されるべきものである。

　しかし現行の法人税法では、別段の定めとして、法人税法34条により、法人が役員に対して支給する給与については、「定期同額給与」、「事前確定届出給与」、「同族会社以外の利益連動給与」のいずれにも該当しないもの及びそれらに該当するものであっても「不相当に高額であるもの」、「仮装隠蔽によるもの」は損金の額に算入しない旨が定められている。

　なお、役員給与規定の趣旨については、次のように解説されている。

　「法人が支給する役員給与については、役員に直接的に経済的利益を帰属させるというその態様から、お手盛り的な支給が懸念され、会社法制上も特段の手続き規制に服するものとされています。税法上の観点からは、このような性質の経費について法人段階で損金算入を安易に認め、結果として法人の税負担の減少を容認することは、課税の公平の観点からもとより問題があります。…」（主税局税制第三課課長補佐　佐々木浩氏他「改正税法のすべて　平成18年度国税・地方税の改正点の詳解－」（財団法人日本税務協会）より抜粋）

　特にその中でも、中小・同族会社に関係するのは「定期同額給与」

と「事前確定届出給与」であるが、このうち「事前確定届出給与」は事前届出額と同額の支給額以外の支給は全額損金不算入として取り扱われるなど、使い勝手があまりよくない等の理由から利用状況が限られているのが実情である。

そこで、多くの法人に関係する「定期同額給与」について、定時改定に該当しない時期に減額改定するケースについて検討する。

2 形式基準の内容

定期同額給与とは、上述したように「**その支給時期が1月以下の一定の期間ごとである給与（以下「定期給与」という。）で、その事業年度の各支給時期における支給額が同額であるものその他これらに準ずるものとして政令で定める給与**」をいう。

基本的には、毎月支払われる役員報酬を想定していると考えられるが、特に改定に関してかなり厳しい要件（各支給時期における支給額が同額という形式基準）が付されていることから、法人税法固有の規制概念が加えられた特殊なものとなっているのが実情である。

具体的に、定期同額給与の改定が認められるケースについては、政令等でおおむね次のように規定されている。

① 定期同額給与とは、給与の改定があった場合には、原則として、期首から改定前最後の支給日までが同額で、改定後最初の支給日から期末までの給与が同額であるものをいう（ただし、同一事業年度内に複数の改定があったケースは、期首から1回目の改定までが同額で、1回目の改定から2回目の改定までが同額で、かつ2回目の改定から期末までが同額であるものということになる。）。
② 原則として給与改定の時期は、事業年度開始日から3か月以内（「**定時改定のケース**」）であるが、例えば上場会社の子会社等の

ケースで決算期が親会社と異なることから、毎年の改定時期が3か月経過後等の特殊事情がある場合には、その改定も認められる。
③　事業年度開始日から3か月経過後の給与改定であっても、役員の職制上の地位の変更、職務内容の重大な変更その他これらに類するやむを得ない事情がある場合には、その改定も認められる（「**臨時改定事由のケース**」）。
④　事業年度開始日から3か月経過後に、法人の経営状況が著しく悪化したことによる給与改定については、減額に限ってその改定が認められる（「**業績悪化改定事由のケース**」。ただし、どのようなケースが「法人の経営状況が著しく悪化したこと」に該当するかについては、明確には示されていない。）。

3 実務上のトラブルの原因

1 ●定期同額給与で問題となる「経営状況が著しく悪化」のケース

2における定期同額給与の改定の時期及び内容は、支給額を増額するケースについては利益操作につながる可能性があるということは理解できるが、実務上問題となるのは、支給額を減額するケースであっても、事業年度開始日から3か月経過後の場合には、法人の経営状況が著しく悪化しなければ認められないということである。

業績悪化改定事由については、法人税法施行令69条1項では、「法人の経営の状況が著しく悪化したことその他これに類する理由」があった場合としており、さらに法人税基本通達9-2-13では、「経営の状況が著しく悪化したことその他これに類する理由とは、経営状況が著しく悪化したことなど**やむを得ず役員給与を減額せざるを得ない事情があること**をいうから、法人の一時的な資金繰りの都合や単に業績目的に達しなかったことなどはこれに含まれないことに

留意する。」と示しているだけで、具体的な基準等や経営の状況に類する理由がどういったケースかについては一切示されていないのが実情である。

つまり、法令上の一般的な解釈としては、少なくとも過去の売上等と比較してある程度大幅な減少等があったことに伴い、役員給与を減額するケースに限定されていることが想定されるのであるが、国税庁HPの「役員給与に関するQ＆A」（平成20年12月）では、次のような取扱いが示されている。

＜業績等の悪化により役員給与の額を減額する場合の取扱い（抜粋）＞

〔Q1〕当社（年1回3月決算）は、役員に対して支給する給与について、定時株主総会で支給限度額の決議をし、その範囲内で、定時株主総会後に開催する取締役会において各人別の支給額を決定しています。

ところで、本年度は、会社の上半期の業績が予想以上に悪化したため年度の途中ではありますが、株主との関係上、役員としての経営上の責任から役員が自らの定期給与の額を変更することとし、その旨取締役会で決議しました。

このような年度中途の減額改定は、「経営状況が著しく悪化したことその他これに類する理由」（業績悪化改定事由）による改定に該当しますか。

なお、減額改定前の各支給時期における支給額及び減額改定後の各支給時期における支給額は、それぞれ同額です。

〔A〕より抜粋

…ところで、業績悪化改定事由については「経営状況が著しく悪化したことその他これに類する理由」と規定されていることから、経営状況が相当程度悪化しているような場合でなければこれに該当せず、対象となる事例は限定されているのではないかといった疑問もあるところです。

これについては、法基通9-2-13のとおり、「経営の状況が著しく悪化したことその他これに類する理由」とは、経営状況が著しく悪化したことなどやむを得ず役員給与を減額せざるを得ない事情があることをいいますので、財務諸表の数値が相当程度悪化したことや倒産の危機に瀕したことだけではなく、経営状況の悪化に伴い、**第三者である利害関係者（株主、債権者、取引先等）との関係上、役員給与の額を減額せざるを得ない事情が生じていれば**、これも含まれることになります。

　このため、例えば、次のような場合の減額改定は、通常、業績悪化改定事由による改定に該当することになると考えられます。
① 株主との関係上、業績や財務状況の悪化についての役員としての経営上の責任から役員給与の額を減額せざるを得ない場合
② 取引銀行との間で行われる借入金返済のリスケジュールの協議において、役員給与の額を減額せざるを得ない場合
③ 業績や財務内容又は資金繰りが悪化したため、取引先等の利害関係者からの信用を維持・確保する必要性から、経営状況の改善を図るための計画が策定され、これに役員給与の減額が盛り込まれた場合
…（中略）
　この3事例以外の場合であっても、経営状況の悪化に伴い、第三者である利害関係者との関係上、役員給与の額を減額せざるを得ない事情があるときには、減額改定をしたことにより支給する役員給与は定期同額給与に該当すると考えられます。この場合にも、役員給与の額を減額せざるを得ない客観的な事情を具体的に説明できるようにしておく必要があります。…（略）

※太字は筆者による。

　つまり、会計監査適用会社において監査法人等からの指摘を受けて減額するケースや融資を受けている金融機関からの要請により減額するケース等については、客観的な事情が説明できるのであれば、

定期同額給与として認められる取扱いが示されている。
　ただし、特に中小企業の場合には、「役員＝株主・債権者」であることがほとんどであり、Ｑ＆Ａで想定している「第三者との関係上」ということに該当するか否かは判断が難しいところであるが、この点については、次のような解説が加えられている。

> …同族会社のように株主が少数のもので占められ、かつ、役員の一部の者が株主である場合や株主と役員が親族関係にあるような会社についても、上記①に該当するケースがないわけではありませんが、そのような場合には、役員給与の額を減額せざるを得ない客観的かつ特別の事情を具体的に説明できるようにしておく必要があることに留意してください。

　この解説は、「業績悪化改定事由」について、かなり弾力的に取り扱うことを示すものと解され、納税者にとっても、実務家にとっても有用かつ現実的なものであるが、法令の解釈（課税要件法定主義）として適切かどうかについては疑問の残るところである。
　また、このＱ＆Ａの解釈は、「経営状況が著しく悪化したことその他これに類する理由」という事由のうち、「その他これに類する理由」に該当する部分の解釈であることにも注意したい。

2 ●業績悪化改定事由に該当しないものとされたケース（国税不服審判所の裁決例）

　上記において、「業績悪化改定事由」については、実務上は弾力的に取り扱う旨が示されていると解説したが、実際にはその許容範囲について、疑問が生じる事例が示されている。
　それは、国税不服審判所の裁決例（平成23年1月25日公表裁決：TAINS J82-3-11）において、マッサージ等の役務提供を業務とする審査請求人が、平成20年7月期において、経常利益が対前年比

で６％減少したことを理由として、代表取締役の定期同額給与を事業年度の中途で減額したところ、原処分庁が、減額の理由が経営状況の著しい悪化等に該当せず、減額前の支給額のうち減額後の支給額を超える部分の金額は損金の額に算入できないとして課税処分を行ったケースで、審査請求人が不服として取消しを求めたにもかかわらず、認められなかった事例である。

　なお、その中で「業績悪化改定事由」に該当しない理由については、次のように示されている。

① 　審査請求人が根拠とする平成20年５月の月次損益計算書における経常利益に係る対前年割合は94.2％となっており、本件事業年度の売上高はその前６事業年度の中で最高額であり、経常利益もこれらの各事業年度の中で２番目に多額なものであることから、著しい悪化というほどのものとはいえない。

② 　本件事業年度においては経常利益が前年実績に比して下回ったものの、請求人の業績を悪化させたと認められる特段の事情は生じていないこと、請求人は経常利益が前年実績を上回ることを業務目標としており、本件５月の月次損益計算書の経常利益が対前年割合で６％減少したことから、代表取締役の経営責任を示すとの申出に基づいてその給与を減額したこと、給与の減額があったのは代表取締役のみであることが認められる。したがって経営の状況の著しい悪化や業績悪化が原因でやむを得ず役員給与を減額せざるを得ない事情にあったと認めることはできず、上記理由以外に役員給与を減額せざるを得ない特段の事情が生じていたと認めるに足る事実はない。

※本裁決例において、具体的な所得金額・報酬額や請求人が過去最高の売上であるにもかかわらず、経常利益が減額している理由などは示されていないが、マッサージ店であることから、新たな店舗を設け、設備投資を行ったうえ従業員も増やしたものの、それ

らの店舗における業績が芳しくなかったため、経営上の判断から今後の資金繰りを考慮して代表者の月額報酬を引き下げるケースなどが想定される。

3 ●「役員給与に関するＱ＆Ａ」の追加
　～業績の著しい悪化が不可避と認められる場合の役員給与の減額（平成24年4月）

上記 *2* の裁決例が出された後に、国税庁ホームページの役員給与に関するＱ＆Ａに、次の事例が追加されている。

〔Ｑ１－２〕当社（年１回３月決算）は、ここ数年の不況の中でも何とか経営を維持してきましたが、当期において、売上げの大半を占める主要な得意先が１回目の手形の不渡りを出したため、その事情を調べたところ、得意先の経営は悪化していてその事業規模を縮小せざるを得ない状況にあることが判明し、数力月後には当社の売上げが激減することが避けられない状況となりました。そこで、役員給与を減額する旨を取締役会で決議しました。
　ところで、年度中途で役員給与を減額した場合にその損金算入が認められるためには、その改定が「経営の状況が著しく悪化したことその他これに類する理由」（業績悪化改定事由）によることが必要とのことですが、当社のように、現状ではまだ売上げが減少しておらず、数値的指標が悪化しているとまでは言えない場合には、業績悪化改定事由による改訂に該当しないのでしょうか。
〔Ａ〕貴社の場合、ご質問の改定は、現状では売上げなど数値的指標が悪化しているとまでは言えませんが、役員給与の減額などの経営改善策を講じなければ、客観的な状況から今後著しく悪化することが不可避と認められますので、業績悪化改定事由による改定に該当するものと考えられます。
〔解説〕…抜粋

> 　ご質問は、売上げの大半を占める**主要な得意先が１回目の手形の不渡りを出したという客観的な状況**があり、得意先の経営状況を踏まえれば数カ月後には売上げが激減することが避けられない状況となったため、役員給与の減額を含む経営改善計画を策定したとのことです。
> 　このように現状では数値的指標が悪化しているとは言えないものの、役員給与の減額などの経営改善策を講じなければ、客観的な状況から今後著しく悪化することが不可避と認められる場合であって、これらの経営改善策を講じたことにより、結果として著しく悪化することを予防的に回避できたときも、業績悪化改定事由に該当するものと考えられます。
> 　ご質問の場合以外にも、例えば、**主力製品に瑕疵があることが判明して、今後多額の賠償金やリコール費用の支出が避けられない場合**なども業績悪化改定事由に該当するものと考えられますが、あくまでも客観的な状況によって判断することになりますから、客観的な状況がない単なる将来の見込みにより役員給与を減額した場合は、業績悪化改定事由による減額改定に当たらないことになります。

※太字は筆者による。

4 トラブルを招かない実務上の留意点・問題点

　以上、現時点における「業績悪化改定事由」に関する判断上の基準を示してきたが、最初に考えたいのは3の3で解説した〔Ｑ１－２〕の意味合いについてである。

　元々3の1の〔Ｑ１〕において、「株主との関係上、業績や財務内容の悪化について役員としての経営上の責任から役員給与の額を減額せざるを得ない場合」等については、業績悪化改定事由に該当する旨を解説しているにもかかわらず、〔Ｑ１－２〕において、業績が悪化する前の段階で期中の役員給与の減額が認められる客観的

状況の具体例として、得意先の手形の不渡りや主要製品の瑕疵が判明した場合などをあえて示したのは、ある程度理解できるものである。

さらに、考えなければならないのが3の2で解説した国税不服審判所の事例が、上記Q＆Aで示す「業績悪化改定事由」に該当しないのかということである。

たしかに、上記の「役員給与に関するQ＆A」が公開されたのが平成20年12月であり、審査請求の対象となる事業年度終了後ということもあるが、経営判断として早めに対応したということであれば、Q＆Aの解説とさほど違うものとは考えにくく、仮に違うものであると判断されるのであれば、もはや実務上の判断ができない状況になってしまうのではないかと考える。現に、「経営状況が著しく悪化したことその他これに類する理由」という抽象的な課税要件しかないことから、いわゆる不確定概念である形式基準となっており、実務家も課税庁も主観的な判断せざるを得ず、明確な判断ができない状態が続いているのが実情である。

そもそも減額改定は、「利益の払出し」のために行うものではなく、たとえ「経営の状況が著しく悪化したことその他これに類する理由」に至らない場合であっても、経営方針として経営者が自ら襟を正す意味で自主的に行うケースや入札業者の経営審査のために行うケース、金融機関からの融資のために行うケースなど、会社存続のためにやむを得ず行う場合がほとんどである。

さらに、それぞれのケースは原則として、課税上の弊害が生じるものではないため、明らかに利益操作のために行っているなどの特殊なケースを除いては、減額について相当の理由が説明できることを条件として、本来的に税務上の規制を加えるべきものではないと考える。

社会的な経営判断の常識として、優秀な経営者ほど、経営状態が

悪化する前に経営対策を行うことにより、その悪化をできる限り防ぐのであり、経営状況が悪化してから対応するのでは、手遅れとなってしまうことが少なくないということを忘れてはいけない。

04 事前確定届出給与
～職務執行期間の拘束性、社会保険料対策としての利用

問題の所在

① 事前確定届出給与は、提出期限までに、一定の事項（対象者の氏名、役職、支給時期、支給金額など）を記載した届出書を提出するという形式的な要件さえ満たせば、金額等を問わずに損金算入が認められるものなのか。

② 事前確定届出給与は、職務執行期間単位で要件を満たさなければ、全額が損金不算入となるのか。

関係条文等

＜法人税法34条《役員給与の損金不算入》＞

　内国法人がその役員に対して支給する給与（退職給与及び第54条第1項に規定する新株引受権によるもの並びにこれら以外のもので使用人としての職務を有する役員に対して支給する当該職務に対するもの並びに第3項の規定の適用があるものを除く。以下この項において同じ。）のうち次に掲げる給与のいずれにも該当しないものの額は、その内国法人の各事業年度の所得の金額の計算上、損金の額に算入しない。

一　（略）

二　その役員の職務につき所定の時期に確定額を支給する旨の定めに基づいて支給する給与（定期同額給与及び利益連動給与（利益に関する指標を基礎として算定される給与をいう。）を除くものとし、定期給与を支給しない役員に対して支給する給与（同族会社に該当しない内国法人が支給するものに限る。）以外の給与

にあっては政令で定めるところにより納税地の所轄税務署長にその定めの内容に関する届出をしている場合における当該給与に限る。）

三　（略）

＜法人税法施行令69条２項《定期同額給与の範囲等》＞
２　法第34条第１項第２号に規定する届出は、第１号に掲げる日（第２号に規定する臨時改定事由が生じた場合における同号の役員の職務についてした同号の定めの内容に関する届出については、次に掲げる日のうちいずれか遅い日。以下「届出期限」という。）までに、財務省令で定める事項を記載した書類を持ってしなければならない。

　一　株主総会、社員総会又はこれらに準ずるもの（以下「株主総会等」という。）の決議により、法第34条第１項第２号の役員の職務につき同号の定めをした場合における当該決議をした日（同日がその職務の執行を開始する日後である場合にあっては、当該開始する日）から１月を経過する日（同日が当該事業年度開始の日の属する会計期間）開始の日の属する会計期間開始の日から４月を経過する日（保険会社にあっては、当該会計期間開始の日から５月を経過する日。以下この号において「４月経過日等」という。）後である場合には当該４月経過日等とし、新たに設立した内国法人がその役員のその設立の時に開始する職務につき同項第２号の定めをした場合にはその設立の日以後２月を経過した日とする。）

　二　臨時改定事由（当該臨時改定事由により当該臨時改定事由に係る役員の職務につき法第34条第１項第２号の定めをした場合（当該役員の当該臨時改定事由が生じる直前の職務につき同号の定めがあった場合を除く。）における当該臨時改定事由に

限る。）が生じた日から１月を経過する日

<法人税法施行令69条３項>
3　法第34条第１項第２号に規定する定めに基づいて支給する給与につき既に前項又はこの項の規定による届出（以下この項において「直前届出」という。）をしている内国法人が当該直前届出に係る定めの内容を変更する場合において、その変更が次の各号に掲げる事由に基因するものであるとき（第２号に掲げる事由に基因する変更にあっては、当該定めに基づく給与の額を減額するものであるときに限る。）は、当該変更後の同条第１項第２号に規定する定めの内容に関する届出は、前項の規定にかかわらず、当該各号に掲げる事由の区分に応じ当該各号に定める日（以下「変更届出期限」という。）までに、財務省令で定める事項を記載した書類をもってしなければならない。

一　臨時改定事由　当該臨時改定事由が生じた日から１月を経過する日

二　業績悪化改定事由　当該業績悪化改定事由によりその定めの内容の変更に関する株主総会等の決議をした日から１月を経過する日（当該変更前の当該直前届出に係る定めに基づく給与の支給の日（当該決議をした日後最初に到来するものに限る。）が当該１月を経過する日前にある場合には、当該支給の日の前日）

<法人税法施行令69条４項>
4　法34条第１項第２号の場合において、内国法人が同族会社に該当するかどうかの判定は、当該内国法人が定期給与を支給しない役員の職務につき同号の定めをした日（第２項第１号に規定する内国法人が同号に規定する設立の時に開始する職務についてした同号の定めにあっては、同号の設立の日）の現況による。

関係質疑応答事例

定めどおりに支給されたかどうかの判定
（事前確定届出給与）

【照会要旨】

当社（年１回３月決算の同族会社）では、Ｘ年６月26日の定時株主総会において、取締役Ａに対して、定期同額給与のほかに、同年12月25日及びＸ＋１年６月25日にそれぞれ300万円を支給する旨の定めを決議し、届出期限までに所轄税務署長へ届け出ました。

この定めに従い、当社は、Ｘ年12月25日には300万円を支給しましたが、Ｘ＋１年６月25日には、資金繰りの都合がつかなくなったため、50万円しか支給しませんでした。

この場合、Ｘ年12月25日に届出どおり支給した役員給与についても、損金の額に算入されないこととなるのでしょうか。

【回答要旨】

Ｘ年12月25日に届出どおり支給した役員給与については、損金の額に算入して差し支えありません。

（理由）

役員の職務につき所定の時期に確定額を支給する旨の定めに基づいて支給する給与のうち、定期給与を支給しない役員に対して支給する給与（同族会社に該当しない法人が支給するものに限ります。）以外の給与で、届出期限までに納税地の所轄税務署長にその定めの内容に関する届出をする等の一定の要件を満たしている場合のその給与（以下「事前確定届出給与」といいます。）は、その法人の所得の金額の計算上、損金の額に算入することができます（法法34①二）。

この事前確定届出給与は、所定の時期に確定額を支給する旨の定めに基づいて支給するもの、すなわち、支給時期、支給金額が事前に確定し、実際にもその定めのとおりに支給される給与に限られます（法基通9-2-14）。

したがって、所轄税務署長へ届け出た支給額と実際の支給額が異なる場合には、事前確定届出給与に該当しないこととなりますが、ご質問のように、2回以上の支給がある場合にその定めのとおりに支給されたかどうかをどのように判定するのか、というのが照会の趣旨かと思われます。

　この点、一般的に、役員給与は定時株主総会から次の定時株主総会までの間の職務執行の対価であると解されますので、その支給が複数回にわたる場合であっても、定めどおりに支給されたかどうかは当該職務執行の期間を一つの単位として判定すべきであると考えられます。

　したがって、複数回の支給がある場合には、原則として、その職務執行期間に係る当該事業年度及び翌事業年度における支給について、その全ての支給が定めどおりに行われたかどうかにより、事前確定届出給与に該当するかどうかを判定することとなります。

　例えば、3月決算法人が、X年6月26日からX＋1年6月25日までを職務執行期間とする役員に対し、X年12月及びX＋1年6月にそれぞれ200万円の給与を支給することを定め、所轄税務署長に届け出た場合において、X年12月には100万円しか支給せず、X＋1年6月には満額の200万円を支給したときは、その職務執行期間に係る支給の全てが定めどおりに行われたとはいえないため、その支給額の全額（300万円）が事前確定届出給与には該当せず、損金不算入となります。

　ただし、ご質問のように、3月決算法人が当該事業年度（X＋1年3月期）中は定めどおりに支給したものの、翌事業年度（X＋2年3月期）において定めどおりに支給しなかった場合は、その支給しなかったことにより直前の事業年度（X＋1年3月期）の課税所得に影響を与えるようなものではないことから、翌事業年度（X＋2年3月期）に支給した給与の額のみについて損金不算入と取り扱っても差し支えないものと考えられます。

【関係法令通達】
　法人税法第34条第1項第2号
　法人税法施行令第69条第2項～第5項
　法人税法施行規則第22条の3第1項、第2項
　法人税基本通達9-2-14

職務執行期間の中途で支給した事前確定届出給与
（事前確定届出給与）

【照会要旨】
　当社（年1回3月決算）では、X年5月26日の定時株主総会において、取締役Aに対して、定期同額給与のほかに、「X年5月26日からX＋1年5月25日までの役員給与としてX年6月30日及び同年12月25日にそれぞれ300万円を支給する」旨の定めを決議し、届出期限までに所轄税務署長へ届け出ました。
　この定めに従って支給したX年6月30日及び同年12月25日の役員給与は、法人税法第34条第1項第2号（役員給与の損金不算入）に規定する所定の時期に確定額を支給する旨の定めに基づいて支給する給与として、当期（X＋1年3月期）において損金の額に算入して差し支えないでしょうか。

【回答要旨】
　貴社が、役員への賞与の支給時期を使用人への盆暮れの賞与と同じ時期とし、かつ、毎期継続して同時期に賞与の支給を行っているのであれば、上記のような支給形態を採るからといって、その損金算入をすることができないということはありません。

（理由）
　役員の職務につき所定の時期に確定額を支給する旨の定めに基づいて支給する給与のうち、定期給与を支給しない役員に対して支給する給与（同族会社に該当しない法人が支給するものに限ります。）以外の給与で、届出期限までに納税地の所轄税務署長にその定めの

内容に関する届出をする等の一定の要件を満たしている場合のその給与（以下「事前確定届出給与」といいます。）は、その法人の所得の金額の計算上、損金の額に算入することができます（法法34①二）。

　ところで、給与に係る役員の職務執行期間は一般的には定時株主総会から次の定時株主総会までの1年間であると解されることからすれば、貴社が6月に支給した給与も12月に支給した給与も翌年5月25日までの1年間の職務執行の対価の一部となるものであり、また、民法上委任の報酬は後払いが原則とされていることを考えると、お尋ねのような支給形態を採ることについて、税務上問題があるのではないかと考える向きもあるようです。

　しかしながら、使用人への賞与が盆暮れの時期に支給されているのが一般の企業慣行であることを考えると、役員に対して同時期に賞与を支給することはあながち不自然なことではないともいえます。

　そこで、お尋ねの場合において、法人が、役員への賞与の支給時期を使用人への盆暮れの賞与と同じ時期とし、かつ、毎期継続して同時期に賞与の支給を行っているときに、事前確定届出給与に係る一定の要件を満たしていれば、これを事前確定届出給与として当該事業年度の損金の額に算入することとして差し支えありません。

【関係法令通達】
　法人税法第34条第1項第2号
　法人税法施行令第69条第2項〜第5項
　法人税法施行規則第22条の3第1項、第2項

「事前確定届出給与に関する届出書」を提出している法人が特定の役員に当該届出書の記載額と異なる支給をした場合の取扱い
（事前確定届出給与）

【照会要旨】
　当社は、所轄税務署に「事前確定届出給与に関する届出書」を提

出期限内に提出していますが、Ａ役員に対してのみ当該届出書の記載額と異なる金額を支給しました。

　この場合において、Ａ役員に支払った役員給与は損金算入できなくなると考えられますが、Ａ役員以外の他の役員に係る役員給与についても同様に法人税法第34条第１項第２号に該当しなくなり、損金算入できなくなるのでしょうか。

【回答要旨】

　「事前確定届出給与に関する届出書」の記載額と同額を支給したＡ役員以外の他の役員に係る役員給与については、法人税法第34条第１項第２号に該当し、損金算入することができます。

（理由）

　法人税法第34条第１項第２号では、「その役員の職務につき所定の時期に確定額を支給する旨の定めに基づいて支給する給与」と規定しており、個々の役員に係る給与について規定しているものであることから、Ａ役員（＝「その役員」）以外の他の役員に対する給与に影響を与えるものとはなっておりません。

　したがって、Ａ役員に対して当該届出書の記載額と異なる金額の役員給与を支給したとしても、そのことを理由として、Ａ役員以外の他の役員に対して支給した役員給与が損金不算入になることはありません。

【関係法令通達】

　法人税法第34条第１項第２号

1 規定の概要

　事前確定届出給与は、平成18年の会社法制定において、役員賞与を役員報酬と共に役員の職務執行の対価として位置付けたのを受けて、税務上も一定の要件のもとに臨時的な給与について損金算入を認めることとしたものである。

2 形式基準の内容

1 ●概要

　事前確定届出給与とは、「その役員の職務につき所定の時期に確定額を支給する旨の定めに基づいて支給する給与（定期同額給与及び利益連動給与（利益に関する指標を基礎として算定される給与をいう。）を除くものとし、定期給与を支給しない役員に対して支給する給与（同族会社に該当しない内国法人が支給するものに限る。）以外の給与にあっては政令で定めるところにより納税地の所轄税務署長にその定めの内容に関する届出をしている場合における当該給与に限る。）」をいう。

　また、その届出をいつまでに提出すればよいかに関しては、法人税法施行令69条2項で上記のように定められており、その内容を図解すると概ね次のようになる。

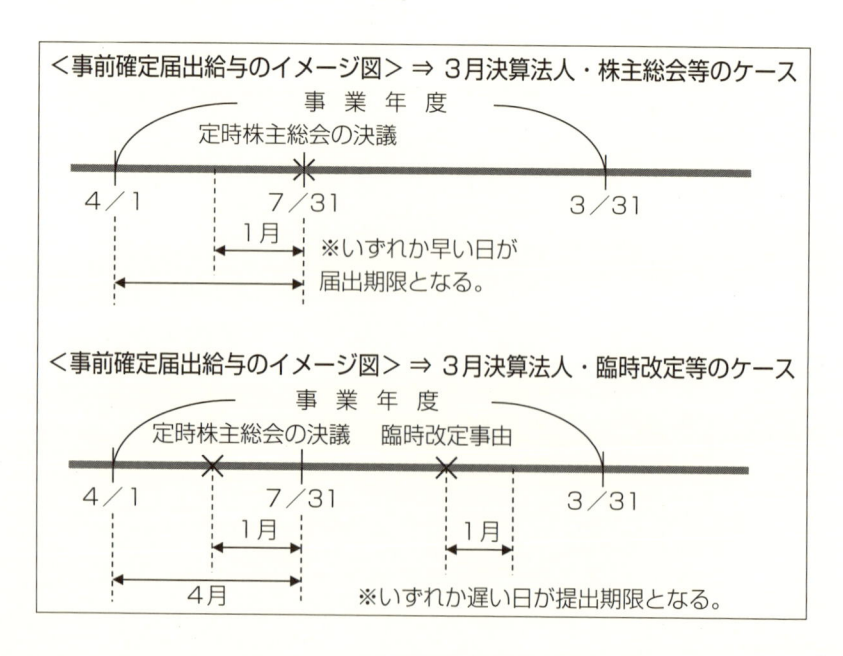

＜事前確定届出給与のイメージ図＞ ⇒ 3月決算法人・株主総会等のケース

事業年度
定時株主総会の決議
4/1　　7/31　　　　　　　3/31
　　　1月
　　　　　※いずれか早い日が
　　　　　届出期限となる。

＜事前確定届出給与のイメージ図＞ ⇒ 3月決算法人・臨時改定等のケース

事業年度
定時株主総会の決議　　臨時改定事由
4/1　　7/31　　　　　　　3/31
　　　1月　　　　1月
　　　4月　　　※いずれか遅い日が提出期限となる。

2 ●事前確定届出給与届出書の記載事項

事前確定届出書に記載すべき事項は、次のものである。

<記載事項>
- ㋑ 事前確定届出給与の支給対象の対象となる者（以下「事前確定届出給与対象者」という。）の氏名及び役職
- ㋺ 事前確定届出給与の支給時期及び各支給時期における支給金額
- ㋩ ㋺の支給時期及び支給金額を定めた日並びにその定めを行った機関
- ㋥ 事前確定給与に係る職務の執行を開始する日
- ㋭ 事前確定届出給与につき定期同額給与による支給としない理由及び事前確定届出給与の支給時期を㋺の支給時期とした理由
- ㋬ 当該事業年度開始の日の属する会計期間において事前確定届出給与対象者に対して事前確定届出給与と事前確定届出給与以外とを支給する場合における当該事前確定届出給与以外の給与の支給時期及び各支給時期における支給金額
- ㋣ その他参考となるべき事項

3 実務上のトラブルの原因

　事前確定届出給与に関する実務上の問題点としては、前述した質疑応答事例「定めどおりに支給されたかどうかの判定」（53頁）において示されているように、事前届出額と異なる金額の支給があった場合には、その全額が損金不算入となることや、事前届出日以外の支給についても、原則として損金不算入となることなど、使い勝手の悪さが指摘されているが、それ以外にも次のような事例がある。

1 ●職務執行期間の捉え方が問題となったケース
【東京高裁平成25年3月14日判決 （平成24年（行コ）第424号）】
1 事例の概要

　超硬工具の製造業を営むA社（9月決算法人）では、平成20年11月26日の取締役会で取締役甲及び乙の冬季（12月）・夏季（7月）の賞与につき、それぞれ甲は500万円、乙は200万円と定め、期限内に所轄税務署長へ事前確定届出給与に関する届出書（職務執行期間を平成20年11月27日から平成21年11月26日までと記載）を提出している。A社は、平成20年12月には届出どおりの支給を行ったが、平成21年7月6日に臨時株主総会で、業績不振を理由に、夏季支給額を甲につき250万円、乙につき100万円にすることを決議し、7月15日に同額をそれぞれ支給した（なお、税務署長への事前確定届出給与に関する変更届出書の提出は行っていない。）。

　税務当局は、冬季賞与についても事前確定届出給与に該当せず、損金の額に算入されないとして課税処分を行った。

2 原告の主張

　一の職務執行期間中に複数回役員賞与が支給された場合の判定は、職務執行期間とする例だけではなく、事業年度単位や四半期単位などを職務執行期間として区分し支給する例もあることから、事前の届出どおりに支給されたか否かは、個々の支給ごとに判定すべきである。

　また、事前の届出額よりも実際の支給額が減額された場合については、届出額と異なっていても所得金額が増えることから、課税の公平を害することにはならない。

3 税務当局の主張

　役員給与は一般的に、定時株主総会の日から次の定時株主総会の日までの職務執行期間中の職務執行の対価ということができることから、事前確定届出給与についても、職務執行期間を1つの単位と

して判定すべきものである。

また、事前の届出よりも実際の支給額が減額された場合については、仮にそれが認められるとすると、所得金額を操作することが可能となるため、課税上の弊害が生じることとなり、事前確定届出給与には該当しないものである。

4 裁判所の判断

事前の届出額よりも実際の支給額が減額された場合については、所得金額が多くなることから、課税上の弊害が生じる恐れはないように見えるが、事前の届出どおりに支給されていないことにほかならず、事前確定届出給与の要件を満たさないことになる。また、届出額を下回る場合でも損金算入することになれば、届出額を高額にしていわば枠取りしておき、支給額を減額することにより、損金算入額をほしいままに決定できてしまうことになる。

また、会社法等の規定からしても、役員給与が事前に届け出たとおりに支給されたか否かは、特段の事情がない限り、職務執行期間の全期間を一個の単位として判定すべきで、職務執行期間に係る当初事業年度又は翌事業年度におけるすべての支給が事前の定めどおりにされたものであるときに限り、事前の届出どおりに支給されたことになり、職務執行期間中に１回でも事前の届出どおりにされなかったものがあるときは、役員給与の支給は全体として事前の届出どおりにされなかったこととなるのが相当である。

2 ●社会保険料対策として検討するケース

これは法人が、社会保険料の負担を軽減するため、あるいは老齢年金の受給額を増加させるために、月額報酬を事前確定届出給与に移行させる事例である。

例えば、月額報酬100万円（年額1,200万円）を支給する役員について、月額報酬を10万円、年額報酬から10万円×12か月分を差し

引いた1,080万円を年2回の事前確定届出給与とし、所定の時期に必要事項を記載した届出書を所轄税務署長へ提出するケースである（この場合、賞与の標準賞与額は150万円が上限であるため、それを超える分には負担金は生じないこととなる。）。

この場合、法人税法34条（役員給与の損金不算入）の規制は適用されるのかという疑問点が生じる。

4 トラブルを招かない実務上の留意点・問題点

1 ●事前確定届出給与に係る「職務執行期間」の考え方

上記3の1の「職務執行期間」については、会計上も税務上も、明確に定義されたものはなく、国税庁による「役員給与に関するQ&A」（平成20年12月）において、「役員の職務執行期間は、一般的に定時株主総会の開催日から翌年の開催日までの期間であると解され…」と示されているだけである。

そう考えると、平成18年度税制改正により創設された「事前確定届出給与」という税法固有の概念について、明確な定義のない「職務執行期間」の範囲内のものは全体で判断するという解釈については、利益調整を排除するためだけのやや強引なものではないかと思われる。

2 ●社会保険料対策の利用の考え方

基本的に現行法上は、法人税法34条1項2号の要件（形式基準）を満たす届出書を所定の時期までに提出している限りは、支給金額にかかわらず事前確定届出給与に該当することとなるため、同条2項、3項で規定する「不相当に高額な場合」に該当しない限りは、税務上認められることになる。

また「不相当に高額な場合」の判定は、法人税法施行令70条で示

すように、「定期同額給与」「事前確定届出給与」の区分ごとに判定するのではなく、「役員退職給与」以外については合計額（損金不算入となった部分は除く。）で判定されることから、上記 **3** の **2** のケースに当てはめると、変更前と同額である総額の1,200万円によって行うことになる。

つまり、年額の1,200万円が「不相当に高額な場合」でなければ、認容されるという結果となる。

実は、**3** の **2** については、平成18年度税制改正前は臨時的な給与であったことから「役員賞与」として損金不算入となっていたものが、改正によって「事前確定届出給与」として制度が整えられたことによって、結果的に認められることになってしまうということである。

3 ●まとめ

また、**3** の **1** のケースについては、税務当局が主張するように部分的な利益操作が可能となることを規制することは理解できるが、仮に年2回の事前確定届出給与以外にたまたま決算賞与を支給する場合について、事前確定届出給与全体に影響を及ぼす可能性があるかなどの疑問点もある。

最初にも述べたように、「事前確定届出給与」は、会社法において役員賞与を役員報酬と共に役員の職務執行の対価として位置付けたことを受けて、税務上も独自の基準として一定の要件に該当するものだけを認め、それ以外のものについては内容を問わず認めないという考え方は、制度の趣旨からしても到底認められるべきものとはいえない。

さらに、多くの中小企業において、役員賞与は利益の分配と考えられている実態からすると、「事前確定届出給与」の取扱いについては、いま一度検討し直す必要があるのではないかと考える。

05 損害賠償金の収益計上時期

問題の所在

○ 損害賠償金の益金計上時期について、法人税基本通達2-1-43によると、「実際に支払を受けた日」の属する事業年度に計上することが認められているが、法人の役員や使用人に対する損害賠償金の請求は、同通達の適用対象となるのか。

関係条文等

＜法人税法22条4項《各事業年度の所得の金額の計算》＞
4 第2項に規定する当該事業年度の収益の額及び前項各号に掲げる額は、一般に公正妥当と認められる会計処理の基準に従って計算されるものとする。

＜企業会計原則 第二 損益計算書原則 三 営業利益＞
B 売上高は、実現主義の原則に従い、商品等の販売又は役務の給付によって実現したものに限る。（略）

＜法人税基本通達2-1-43《損害賠償金等の帰属の時期》＞
他の者から支払を受ける損害賠償金（中略）の額は、その支払を受けるべきことが確定した日の属する事業年度の益金の額に算入するのであるが、法人がその損害賠償金の額について、実際に支払を受けた日の属する事業年度の益金の額に算入している場合には、これを認める。

1 規定の概要

　法人が不法行為によって損害を受けた場合には、その損害の発生と同時に損害賠償請求権を取得するが、その法人の課税所得の計算上、不法行為に係る損失の損金算入時期及び損害賠償請求権の益金算入時期については、いくつかの学説がある。

　その中でも損害賠償請求権の収益計上に関するものは、次の2つである。

1 ●損失と同時に計上する考え方（同時両建て説）～権利確定主義

　民事上は損害を受けると同時に損害賠償請求権が発生するため、損害を損失に計上すると同時に損害賠償請求権に基づく収益を計上すべきである。

2 ●損失と切り離して計上する考え方（異時両建て説）

　損害賠償金については、存否及び金額について争われることが多く、加害者の支払能力もあるため、確定して実際に支払った段階で計上してもよい。

　つまり、損失と損害賠償金請求権の計上時期は別のものという考え方である。

2 形式基準の内容

　課税庁の対応として、以前は同時両建て説で統一されていた時期もあったが、昭和55年の法人税基本通達の第2次改正において、次のような整理がなされている。

> **損害賠償金等の帰属の時期（法基通2-1-43）**
> 　他の者から支払を受ける損害賠償金の額は、その支払を受けるべきことが確定した日の属する事業年度の益金の額に算入するのであるが、法人が損害賠償金の額について実際に支払を受けた日の属する事業年度の益金の額に算入している場合には、これを認める。

　つまり、損害賠償請求権の益金算入時期について、観念的・抽象的に損害賠償金が発生したとされる時点ではなく、その支払を受けること及びその金額が確定した時点をその収益計上基準の原則とすることとしている。
　ただし、この取扱いは通達の最初で示すように、「他の者から支払を受ける損害賠償金」に限定されており、「役員や使用人に対する損害賠償金」については、ケース・バイ・ケースであると解される。

3　実務上のトラブルの原因

　この損害賠償金の収益計上時期が問題となるのは、例えば自社の役員や使用人が法人の金員を使い込んだり、商品の横流しを行った代金を着服したような場合において、法人がそれらの金員を役員等に損害賠償金として請求するケースである。
　上記したように、相手先が第三者の場合には、実際の支払日に計上することが認められているのであるが、相手先が役員等の場合は、その状況によって計上時期が異なるのである。
　例えば、着服等の事実を法人サイドで把握していたのであれば、その着服事業年度で収益計上すべきであり、また、役員等が巧妙に着服等を行っていたことから、どう考えても把握できる状況になかったのであれば、支払確定時に計上すべきものである。

ただし、現実問題としては、いずれに該当するかが明確ではないことが多いことから、問題となるケースが少なくないのが実情である。

　トラブルに至った代表的な事例として、次の2つの判例等がある。

1 ●同時両建て説により計上すべきとされたケース

> 東京地裁平成20年2月15日判決　納税者勝訴：TAINS Z258-10859
> 東京高裁平成21年2月18日判決　国側勝訴：TAINS Z259-11144
> 最高裁　平成21年7月10日　棄却不受理：TAINS Z259-11243

1　概要

　A社は、ビル総合清掃業及び建物等の警備保安業務を営む法人であるが、税務調査において、平成9年10月1日から平成15年9月30日までの事業年度の架空外注費が判明した。

　A社は、架空外注費の計上は経理部長であった乙の詐欺行為によるものであるとして、平成16年5月13日に乙を解雇するとともに、同年7月30日に乙を詐欺罪等で告訴した。乙は、同年11月25日に詐欺罪で起訴され、平成17年6月8日に懲役4年の実刑判決を受けた（同判決は、乙が控訴することなく確定した。）。

　またA社は、平成16年9月7日付で乙に対する損害賠償請求訴訟を提起し、裁判所は、同年10月27日に乙に対して1億8,815万475円の支払を命じる判決を言い渡した（同判決は、乙が控訴することなく確定した。）。

　A社は、外注費の架空計上を理由として更正処分及び重加算税の賦課決定処分をを受けたことから、外注費の架空計上は、A社の従業員である乙の詐欺行為によるものであり、同従業員に対する損害賠償請求権は回収が困難なことから益金の額に算入するべきでないと主張して各処分の取消しを求めた事案である。

2　東京地裁の判示：第一審

①　A社の主張

　当社は、本件各事業年度においては、本件詐取行為の存在を知らず、また客観的に見ても、乙が多額の債務を負担する一方でその有する資産は僅かなものであったことからすれば、たとえ当社が乙に対する損害賠償請求権を行使したとしても、せいぜい平成9年に被った詐欺被害額のごく一部を回収できたに過ぎず、本件各事業年度で被った損失を回収することは不可能であったから、乙に対する損害賠償権の額を、本件事業年度の益金の額に算入することは許されないというべきである。

②　原処分庁の主張

　本件についてみると、損害が発生した本件各事業年度当時において、乙が一定の預金や資産を有し、給与収入を得、他の債務を継続して返済していたことなどからすると、乙に対する損害賠償権を実現することが事実上不可能であったと客観的に認めることができないことは明白であるから、損害の発生と同時に原告が取得した損害賠償請求権の額は、原告の法人税の計算上、本件詐取行為があった各事業年度の益金の額に算入されることになるというべきである。

③　東京地裁の判示

　損害賠償請求の権利が発生していても、その行使が事実上不可能であれば、これによって現実的な処分可能性のある経済的利益を客観的かつ確実に取得したとはいえないから、不法行為による損害賠償請求権は、その行使が事実上可能となった時、すなわち、被害者である法人が損害及び加害者を知った時に、権利が確定したものとして、その時期の属する事業年度の益金に計上すべきものと解するのが相当である。

　A社は、平成9年から16年まで間は、従業員乙による詐取行為により金員を詐取され続け、平成16年4月の税務調査を契機とし

て初めてこれが発覚したものであり、その後、本件詐取行為を理由として、懲戒解雇、告訴、損害賠償請求していることからすると、本件各事業年度においては、本件詐取行為による損害及び加害者を知らなかったことが認められる。

したがって、本件詐取行為によって、A社が取得することとなる損害賠償請求権の額は、本件各事業年度の益金の額に算入すべきものではなく、損害賠償請求訴訟を提起した平成16年9月とすべきである。

3　東京高裁の判示：第二審
① 損害賠償請求権の把握

横領の事実は、会計資料として保管されていた請求書と外注費として支払った金額とを照合すれば、容易に発覚したものである。こういった点を考えると、通常人を基準とすると、本件各事業年度当時において、損害賠償権につき、その存在、内容等を把握できず、権利を行使できないような客観的状況にあったということは到底できないというべきである。そうすると、本件損害賠償請求権を本件各事業年度において益金に計上すべきことになる。

② 乙の資力

乙は、本件各事業年度当時、資産として約5,000万円で購入したマンションを有していたほか、約200万円相当の自家用車を所有し、約400万円程度の預金を有し、月額30万円を超える金額の給与を得ており、本件詐取行為に係る刑事裁判の際、200万円の弁償を申し出ている。確かに乙は、本件損害賠償請求権に係る債務のほか、住宅ローン等の債務を抱えていたから、債務超過の状態に陥っていた可能性が高いが、全く支払能力がなかったとはいえないのであるから、本件各事業年度当時において、損害賠償請求権が全額回収不能であることが客観的にあったとは言い難いといわなければならない。

4 本判決の考え方

上記判示で示すように、乙はＡ社に対する損害賠償金に対して全く支払能力がないとはいえないうえ、Ａ社に本件損害賠償権はその存在、内容を把握できない客観的状況にあったとはいえない（適正な管理を行っていれば、分かったはずである。）としているが、現実問題として会社が被害を知る前の時点でこれを行使することはできないのであることからすると、これを益金の額に算入することには違和感がある。

つまり、管理面における会社側の行うべき行為に問題があるとしても、抽象的な損害賠償請求権を行使し、担税力を伴わない部分を益金の額に算入すべきであるという高裁の判断には疑問が残る。

2 ●損害賠償権自体が法人に帰属しないとされたケース

損害賠償金の収益計上時期の問題からは外れるが、そもそも発生した損害賠償権自体の帰属をめぐって争いとなった注目すべき事例があるため紹介する。

【仙台地裁平成24年2月29日判決 （納税者勝訴）：TAINS Z888-1640】

1 概要

Ａ社は、旅館業及び飲食店業を営んでいたが、Ａ社の従業員甲らが関係業者Ｘ社からリベートを受領していた手数料合計9,786万3,000円のうち、609万9,000円を総勘定元帳の雑収入科目に計上しなかったとして、原処分庁が青色申告承認の取消処分を行うとともに、本件手数料に係る収益を益金の額に算入せず、原告に属する手数料を費消して横領した従業員に対する損害賠償請求額の額を課税資産の譲渡等に算入せず隠ぺい又は仮装したとして更正処分を行ったのに対し、原告がこれらの収益は従業員ら個人に帰属するものであって、隠ぺい仮装を行った事実もないと主張して各処分の取消し

を求めたという事例である。

2 事実関係

① 従業員甲は、平成8年A社に入社したあと、調理部調理課長、調理部副支配人、総料理長調理部支配人を経て、平成17年9月からは副総支配人（料飲部・調理部所管、調理部支配人等兼務）に就任していた（その後、本事件を受け平成19年12月付で退職している。）。

② 当該リベートは、X社が甲らの指示に従って、商品原価にリベートを上乗せした額で食材を納入し、納入後にX社が受領した代金からリベート相当額を甲らに支払っていた。

③ A社においては、食材の仕入れに関して入札制度を採用し、総務部仕入課が発注業務を担当しているため、調理場から直接納入業者に発注することは禁止されており、甲らに仕入業者の選定権限や仕入金額の決定権限は付与されていなかった（なお入札制度は、X社以外の業者が入札しなくなったため、事実上行われなくなっていた。）。

④ A社においては、就業規則上、「会社の許可なく、職務上の地位を利用して、外部の者から金品等のもてなしを不当に受けた時」は解雇する旨の規定があるほか、甲ら従業員にもリベートの受領の禁止は周知されていた。

そのため、甲らはX社からのリベートの受領に際し、S市などA社の建物から離れた所在地にある飲食店の人目につかない場所で行っていた。

また、甲らは受領したリベートを部下との食事会やコンペ等に消費していたほか、自らの判断でA社の備品の購入に充てていた。

⑤ A社は、平成8年ごろから売上げの減少が続く一方、金融機関からの借入金の増加もあり経営成績は悪化しており、役員報酬のカットなど大幅な経費削減を行いつつ、減価償却費の計上を一部

にとどめるなどして対応していた。

3 リベート収入はA社に帰属すべきものか

① A社の主張

㋑当社では、平成10年頃に当時の和食調理長が取引業者からリベートを受け取っていたことが発覚したことを受けて、リベート受領を禁止する旨を会社の内外に周知徹底したうえ、就業規則にも会社の許可なく職務上の地位を利用して外部の者から金品等のもてなしを受けたときは解雇する旨規定していたこと、㋺従業員らがリベート受領の禁止を明確に認識したうえで、当社に隠れてリベートを受領していたこと、㋩当社における食材購入に関しては、指名納入業者による入札制度を実施し、食材納入業者の選定権限は当社代表者及び常務取締役に与えられているうえ、食材購入の代理権も、従業員甲らの所属していた調理部調理課ではなく、総務部仕入課に与えられていたこと、㊁当社は、平成8年ころから実質的に甚大な経営上の損失を出し、資金繰りが極めて困難な状況となったことから、役員や従業員の報酬カットを含め、大幅な経費削減をしており、合計約9,800万円にのぼる本件リベートを従業員らに与えられる財政状態ではなかったことから、甲らがリベートを受領したからといっても、その収益が当社に帰属することはない。

② 原処分庁の主張

従業員甲を解雇せず依願退職させたことは、甲らがリベートを受け取ることを黙認したとも考えられるから、リベート収入はA社に帰属する。

そして、このようにA社に帰属した本件リベートを甲らが費消して横領したことにより、A社は本件リベート相当額の損失を被ると同時に、甲らに対し、不法行為に基づいて同額の損害賠償請求権を取得することになるから、本件リベート相当額を、甲らによる横領があった時に対応する各事業年度の益金の額及び課税資産の譲渡等

の対価の額にそれぞれ算入すべきである。

4　裁判所の判示

　本件リベートは、A社における食材仕入れに関して授受されていたものであるところ、A社における食材の仕入れに関しては入札制度が設けられていることや、総務部仕入課に発注権限が存在しており、調理課に所属する従業員甲らには食材の発注権限がないことからすれば、食材の仕入れに関する決定権限をA社から与えられていたとは認められない。これらの事実に加え、A社においては就業規則上もリベートの受領が禁止されている。

　そうすると、従業員甲らは、個人としての法的地位に基づきリベートを自ら受け取ったものと認められるところ、自己の判断により、受領したリベートを費消していたというのであるから、従業員甲らがA社の単なる名義人としてリベートを受領していたとは認めがたい。

　したがって、リベートに係る収益は、A社に帰属するものではない。

4 トラブルを招かない実務上の留意点・問題点

　3の2の仙台地裁判決でも示されているが、法人の役員や従業員は、法人の被雇用者という側面も持っているが、それとは別に一個人としての側面も持っているといえる。つまり、役員等が行った行為は、そのすべてが法人に帰属すべきものとは言い切れないということである。

　確かに、法解釈として、役員等が法人の役員として行った行為に対する収益等は法人に帰属するものであることから、使い込み等があった場合には両者間に権利関係が生じるのは理解できるが、役員等が個人として行ったものについてまで、それを一義的に適用すべきではないということである。

また、例えば役員等が多額の使い込み（横領）を行った場合において、その者の弁済能力（預貯金や将来の収入見込額）から判断して、どう考えても全額の弁済が不可能なケースについても、権利確定主義によって益金計上が強制されることについても違和感がある。

　おそらくその場合には、損害賠償請求権が一度益金の額に計上されたとしても、近い将来、貸倒れになることが容易に予想され、結果として損失計上されることからすると、担税力のないものに対する課税が行われることになるため、法人に多大な負担が生じることをどのように考えるべきかという疑問がある。納税者としても、到底納得できるものではないと思われる。

　課税庁サイドにおいても、損害賠償請求権をどの事業年度で認識するかというだけの問題であり、いずれかの事業年度で認識されることを考えると、附帯税の相違しか生じないのが実情である。

　以上の内容からすると、上記した同時両建て説は極めて限定された場合（例えば、客観的にみて法人が黙認していたであろうことが容易に想像されるようなケース）に適用されるべきもので、ほとんどの事例については、対象者を問わず、法人税基本通達で認められている入金基準説で考えるべきものと思われる。

06 交際費等の損金不算入制度

問題の所在

○ 交際費の定義である「接待、供応、慰安、贈答その他これらに類する行為」の範囲はどこまで含まれるのか。

関係条文等

＜租税特別措置法61条の4《交際費等の損金不算入》＞

1～2（略）

3 第1項に規定する交際費等とは、交際費、接待費、機密費その他の費用で、法人がその得意先、仕入先その他事業に関係ある者等に対する接待、供応、慰安、贈答その他これらに類する行為のために支出するもの（次に掲げる費用のいずれかに該当するものを除く。）をいう。

　一　専ら従業員の慰安のために行われる運動会、演芸会、旅行等のために通常要する費用

　二　飲食その他これに類するのために要する費用（専ら当該法人の役員若しくは従業員又はこれらの親族に対する接待等のために支出するものを除く。）であって、その支出する金額を基礎として政令で定めるところにより計算した金額が政令で定める費用

　三　前二号に掲げる費用のほか政令で定める費用

4 前項第二号の規定は、財務省で定める書類を保存している場合に限り、適用する。

＜租税特別措置法施行令37条の5《交際費等の範囲》＞

　法第61条の4第3項第2号に規定する政令で定めるところにより計算した金額は、同号に規定する飲食その他これに類するために要する費用として支出する金額を当該費用に係る飲食その他これに類する行為に参加した者の数で除した計算した金額とし、同号に規定する政令で定める金額は、5,000円とする。

2　法第61条の4第3項3号に規定する政令で定める費用は、次に掲げる費用とする。

　一　カレンダー、手帳、扇子、うちわ、手ぬぐいその他これらに類する物品を贈与するために通常要する費用
　二　会議に関連して、茶菓、弁当その他これらに類する飲食物を供与するために通常要する費用
　三　新聞、雑誌等の出版物又は放送番組を編集するために行なわれる座談会その他の記事の収集のために、又は放送のための取材にために通常要する費用

＜租税特別措置法施行規則21条の18の4《交際費等の損金不算入》＞

　法第61条の4第4項に規定する財務省令で定める書類は、同条第3項第2号に規定する飲食その他これに類する行為のために要する費用につき次に掲げる事項を記載した書類とする。

一　当該飲食等のあった年月日

二　当該飲食等に参加した得意先、仕入先その他事業に関係のある者等の氏名又は名称及びその関係

三　当該飲食等に参加した者の数

四　当該費用の金額並びにその飲食店、料理店等の名称（店舗を有しないことその他の理由により当該名称が明らかでないときは、領収書等に記載された支払先の氏名又は名称）及びその所在地（店

舗を有しないことその他の理由により当該所在地が明らかでないときは、領収書等に記載された支払先の住所若しくは居所又は本店若しくは主たる事務所の所在地）

五　その他参考となるべき事項

1 規定の概要

　法人が、得意先や仕入先などの取引先との商取引を円滑に進めていくためには、その取引先を接待したり、中元や歳暮を贈ったりすることは、事業遂行上で当然に必要なものといえる。
　しかし、本来商売というものは商品や技術そのもので競うべきものであるため、交際費課税制度の創設当初は、法人の社会的冗費の節約や資本充実を図ることから、交際費の損金算入について制限を設けていた。
　なお、最近の課税庁における交際費課税の趣旨としては、「…主として過大な交際費の抑制という見地から設けられているものであり、巨額にのぼる交際費の実態及びその支出額が毎年増加し続けていることに対する社会的な批判には依然として厳しいものがあることを考慮して、原則損金不算入としているものである。」(昭和56年12月 税制調査会答申)と示されている。

(参考) 交際費支出額 (国税庁HPより)
　　　　過去最高支出額　平成4年度　　 6兆2,078億円
　　　　　　　　　　　　　　　↓
　　　　　　　　　　　平成25年度　　3兆825億円
　　　　　　　　　　　　(コスト削減により、交際費大幅カット)

2 形式基準の内容

　税務上の交際費等の定義は具体的・限定的なものではなく、抽象的に大まかな定義を定め、隣接費用との相違点を示すことによってその実態を捉えるということから、その判断について課税庁との見解の相違が生じ、税務訴訟等となっているケースもみられる（例えば、「接待、供応、慰安、贈答その他これらに類する行為のために支出するもの」としながら、建設業等における談合金や情報提供料等などが含まれているのは、あまりにも拡大解釈ではないかと考えられる。）。

　そこで、判決・裁決例等を基に、その判断基準の概要についてまとめてみると、次のようになる。

　おおむね交際費等の判断基準としては、旧二要件説、新二要件説、三要件説のいずれかによって説明されることが多くなっており、特に最近では三要件説が用いられることが多くなっている。

＜交際費用の判定要件＞

	（第一要件）支出の相手方	（第二要件）支出の目的	（第三要件）行為の形態
旧二要件説	事業に関係のあるもの等	これらの者に対する接待、供応、慰安、贈答その他これらに類する行為のため	－
新二要件説	事業に関係のあるもの等	接待等の行為により、事業関係者等との親睦の度を密にして、取引関係の円滑な進行を図るため	－
三要件説	事業に関係のあるもの等	接待等の行為により、事業関係者等との親睦の度を密にして取引関係の円滑な進行を図るため	接待、供応、慰安、贈答その他これらに類する行為

3 実務上のトラブルの原因

前述のとおり、税務上の交際費等の定義が明確ではない（「…法人がその得意先・仕入先その他事業に関係ある者等に対する接待、供応、贈答その他これらに類する行為のために支出するもの…」という不確定な概念になっている。）ことから、実務上も多くのトラブルが生じている。

1 ●交際費等に該当しないとされたケース
【東京高裁平成15年9月9日判決：TAINS Z253-9426】

当時話題となった判決例として、医薬品の製造会社が、大学病院の医師の英文添削費用を負担していた部分が交際費等に該当するか否かについて争われた萬有製薬事件では、おおむね次のような判断がなされている。

＜萬有製薬事件のイメージ図＞

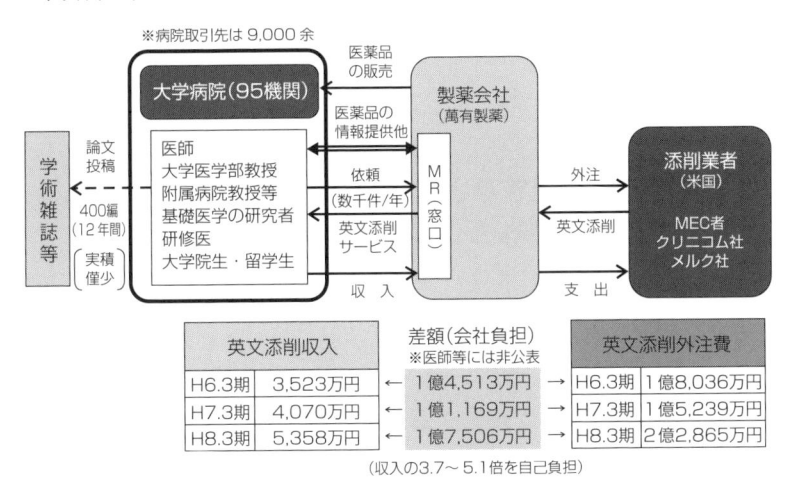

※病院取引先は9,000余

大学病院（95機関）
- 医師
- 大学医学部教授
- 附属病院教授等
- 基礎医学の研究者
- 研修医
- 大学院生・留学生

論文投稿 400編（12年間） 実績僅少 → 学術雑誌等

医薬品の販売 ← 製薬会社（萬有製薬）

医薬品の情報提供他

依頼（数千件/年） → MR（窓口）

英文添削サービス

収入

外注 → 添削業者（米国）MEC者 クリニコム社 メルク社

英文添削

支出

英文添削収入		差額（会社負担） ※医師等には非公表		英文添削外注費	
H6.3期	3,523万円	← 1億4,513万円 →	H6.3期	1億8,036万円
H7.3期	4,070万円	← 1億1,169万円 →	H7.3期	1億5,239万円
H8.3期	5,358万円	← 1億7,506万円 →	H8.3期	2億2,865万円

（収入の3.7～5.1倍を自己負担）

会社側は「寄附金」として申告

⇕

課税当局は「交際費等」と認定（全額損金不算入）

●判決の要旨

「…本件英文添削の差額負担は、通常の接待、供応、慰安、贈答などとは異なり、それ自体が直接相手方の歓心を買えるというような性質のものではなく、むしろ学術奨励という意味合いが強いこと、その具体的な態様等からしても、金銭の贈答と同視できるような性質のものではなく、また、研究者らの名誉欲等の充足に結び付く面も希薄なものであることなどからすれば、交際費等に該当する要件である『接待、供応、慰安、贈答その他これらに類する行為』にある程度幅を広げて解釈したとしても、本件英文添削の差額がそれに当たるとすることは困難である。」

つまり、交際費等には該当しないという判断がなされているが、本件において医師等に多額の英文添削料を負担してもらっているという認識があった場合には、交際費等と認定される可能性もある旨が示されている（本件では、萬有製薬が医師等から一部だけを徴収し、英文添削料の総額を直接支払っていたため、萬有製薬の負担額は、医師等には分からない状況であった。）。

また、この中で東京高裁は三要件説により、交際費等をとらえるべきという解釈を示している。

2 ●交際費等に該当するとされたケース　〜無償優待入場券の交際費該当性

【オリエンタルランド事件（東京地裁平成22年11月5日判決：TAINS Z262-11966)】

遊園施設の運営等の事業を営む原告会社（X社）が、事業関係者に対して交付したX社が運営する遊園施設への優待入場券の使用に係る費用は、交際費等に該当するとして、Y税務署長が更正処分したのに対して、X社が同処分の取消しを求めて異議申立て、審査請求を経て提訴した事例である。

なお優待入場券は、Ｘ社が遊園施設であるＴＤランド又はＴＤシーへの無償入場券であり、Ｘ社の役員等が各種企業に対し交付する入場券（役員扱い入場券）と、Ｘ社がいわゆるマスコミ関係者及びその家族に対して交付する入場券（プレス関係入場券）とがある。

●判決の要旨
1　交際費の該当性
　Ｘ社が本件優待入場券を発行してこれを使用させていたことは、Ｘ社の遂行する事業に関係のある企業及びマスコミ関係者等の特定の者に対し、その歓心を買って関係を良好なものにしようとしＸ社の事業を円滑に遂行すべく、接待又は供応の趣旨でされたと認めるのが相当である。
　Ｘ社は、控訴審において優待入場券の発行目的は、販売促進活動・広報活動や業務関連視察などに限定される旨主張するが、入場券の配布先にはＸ社の広告宣伝又は販売促進との結びつきが考えにくい企業や個人が多く含まれており、パーク内での商品販売収入や飲食販売収入の促進を図ることを目的としたものとは言い難い。
　プレスファミリーデーも、マスコミ関係者の家族を招待するものである以上、マスコミ関係者やその家族の歓心を買うための企画と言わざるを得ない。

2　交際費等の額
　Ｘ社の運営する遊園施設に入場した者に対する役務の提供に要した費用に相当するものである入場券売上に対応する原価に関し、これとは異なるものであるとして商品売上原価、飲食売上原価、施設更新関連費、租税公課及び減価償却費を除いたうえで計算した金額となる。
　〔過去５年間における１人当たりの原価は1,800～2,070円、優待券による入場者は年間2,700～3,720人（総入場者の0.2～0.3％程度）〕

（参考）ＴＤランド　１日券6,900円（シニア券　6,200円）
　　　　　　　　年間パスポート9,000円（２パーク　86,000円）
　　　ＵＳＪ　　１日券7,200円（シニア券　6,470円）
※　つまり、ＴＤランドやＵＳＪのチケットは、他の施設のものと比較して高額であることから、ステイタスとして受け取った者の歓心を買うということも考えられる。

４ トラブルを招かない実務上の留意点・問題点

　現行の交際費課税の最大な問題点は、税務上の交際費等の範囲が、非限定的であることに加え、その範囲があまりにも広くなっていることから、様々なものが同様に取り扱われていることだと思われる。
　具体的には、取引先等を赤坂の料亭等で接待した費用も、社会通念上、常識的に支払われる取引先に対する慶弔禍福の際の祝儀・香典・花輪代も、さらに総会対策費用や談合金もすべて交際費等として同様の取扱いになっているということである。
　最初に説明した交際費等の課税の趣旨である、「過大な交際費等に対する社会的批判」の視点からすると、取引先に対する慶弔禍福の費用は、交際費等から除外されるべきであり、総会対策費用や談合金は、交際費とは別の損金算入規定あるいは使途秘匿金課税のような重課課税が行われてもよいのではないかということも考えられる。
　このうち慶弔禍福の費用については、平成18年度税制改正で加えられた少額飲食費の制度と同様に、例えば一定の帳簿等の記載要件を付すことを条件として、交際費等から除外するなどの対応も可能ではないかと考える。
　つまり、交際費等の適用範囲を本来の趣旨にある高額な接待飲食費用及び贈答費用に限りなく近付けることにより、ある程度は範囲も限定されることになり、納税者も課税庁も対応しやすくなるので

はないかと思われる。
　ここ数年の税制改正では、少額飲食費の損金算入制度や、接待飲食費の少額算入制度が設けられているが、いずれも目先のものであり、根本的な制度の見直しに着手していない点が気になるところである。

07 資本的支出と修繕費
～区分上の形式基準

問題の所在

○ 法人が修繕等を行った場合に、使用可能期間延長や価値増加に該当するか否かの判断を行うことが可能か。

関係条文等

＜法人税法施行令132条《資本的支出》＞

　内国法人が、修理、改良その他いずれの名義をもってするかを問わず、その有する固定資産について支出する金額で次に掲げる金額に該当するもの（そのいずれにも該当する場合には、いずれか多い金額）は、その内国法人のその支出する日の属する事年度の所得の計算上、損金の額に算入しない。

一　当該支出する金額のうち、その支出により、当該資産の取得の時において当該資産につき通常の管理又は修理をするものとした場合に予測される当該資産の使用可能期間を延長させる部分に対応する金額

二　当該支出する金額のうち、その支出により、当該資産の取得の時において当該資産につき通常の管理又は修理をするものとした場合に予測されるその支出の時における当該資産の価値を増加させる部分に対応する金額

＜法人税法基本通達7-8-1《資本的支出の例示》＞

　法人がその有する固定資産の修理、改良等のために支出した金額のうち当該固定資産の価値を高め、又はその耐久性を増すこととなると認められる部分に対応する金額が資本的支出となるのであるか

ら、例えば次に掲げるような金額は、原則として資本的支出に該当する。
（1）建物の避難階段の取付等物理的に付加した部分に係る費用の額
（2）用途変更のための模様替え等改造又は改装に直接要した費用の額
（3）機械の部分品を特に品質又は性能の高いものに取り替えた場合のその取替えに要した費用の額のうち通常の取替えの場合にその取替えに要すると認められる費用の額を超える部分の金額
（注）建物の増築、構築物の拡張、延長等は建物等の取得に当たる。

＜法人税基本通達7-8-2《修繕費に含まれる費用》＞

　法人がその有する固定資産の修理、改良等のために支出した金額のうち当該固定資産の通常の維持管理のため、又はき損した固定資産につきその現状を回復するために要したと認められる部分の金額が修繕費となるのであるが、次のような金額は、修繕費に該当する。
（1）建物の移えい又は解体移築をした場合（移えい又は解体移築を予定して取得した建物についてした場合を除く。）におけるその移えい又は移築に要した費用の額。ただし、解体移築にあっては、旧資材の70％以上がその性質上再使用できる場合であって、当該旧資材をそのまま利用して従前の建物と同一の規模及び構造の建物を再建築するものに限る。
（2）機械装置の移設（7-3-12《集中生産を行う等のための機械装置の移設費》の本文の適用のある移設を除く。）に要した費用（解体費を含む。）の額
（3）地盤沈下した土地を沈下前の状態に回復するために行う地盛に要した費用の額。ただし、次に掲げる場合のその地盛りに要した費用の額を除く。
　　イ　土地の取得後直ちに地盛りを行った場合
　　ロ　土地の利用目的の変更その他土地の効用を著しく増加する

ための地盛りを行った場合
　　ハ　地盤沈下により評価損を計上した土地について地盛りを
　　　行った場合
（4）建物、機械装置等が地盤沈下により海水等の侵害を受けることとなったために行う床上げ、地上げ又は移設に用した費用の額。ただし、その床上工事等が従来の床面の構造、材質等を改良するものである等明らかに改良工事であると認められる場合のその改良部分に対応する金額を除く。
（5）現に使用している土地の水はけをよくする等のために行う砂利、砕石等の敷設に要した費用の額及び砂利道又は砂利路面に砂利、砕石等を補充するために要した費用の額

＜法人税基本通達7-8-3《少額又は周期の短い費用の損金算入》＞

　一の計画に基づき同一の固定資産について行う修理、改良等（以下7-8-5までにおいて「一の修理、改良等」という。）が次のいずれに該当する場合には、その修理、改良等のために要した費用の額については、7-8-1にかかわらず、修繕費として損金経理することができるものとする。
（1）その一の修理・改良等のために要した費用の額（その一の修理、改良等が2以上の事業年度（それらの事業年度のうち連結事業年度に該当するものがある場合には、当該連結事業年度）にわたって行われるときは、各事業年度ごとに要した金額。以下7-8-5までにおいて同じ。）が20万円に満たない場合
（2）その修理、改良等が、おおむね3年以内の期間を周期として行われることが既往の実績その他の事情からみて明らかである場合
（注）本文の「同一の固定資産」は、一の設備が2以上の資産によって構成されている場合には当該一の設備を構成する個々の資産とし、送配管、送配電線、伝導装置等のように一定規模でなければその機能を発揮できないものについては、その最小規模と

して合理的に区分した区分ごととする。以下7-8-5まで同じ。

＜法人税基本通達7-8-4《形式基準による修繕費の判定》＞
　一の修理・改良等のために要した費用の額のうちに資本的支出であるかが明らかでない金額がある場合において、その金額が次のいずれかに該当するときは、修繕費として損金経理することができるものとする。
（1）その金額が60万円に満たない場合
（2）その金額がその修理、改良等に係る固定資産の前期末における取得価額のおおむね10％相当額以下である場合
　（注）1　前事業年度前の各事業年度（それらの事業年度のうち連結事業年度に該当するものがある場合には、当該連結事業年度）において、令第55条第4項《資本的支出の取得価額の特例》の規定の適用を受けた場合における当該固定資産の取得価額とは、同項に規定する一の減価償却資産の取得価額をいうのではなく、同項に規定する旧減価償却資産の取得価額と追加償却資産の取得価額との合計額をいうことに留意する。
　　　　2　固定資産には、当該固定資産についてした資本的支出が含まれるのであるから、当該資本的支出が同条第5項の規定の適用を受けた場合であっても、当該固定資産に係る追加償却資産の取得価額は当該固定資産の取得価額に含まれることに留意する。

＜法人税基本通達7-8-5《資本的支出と修繕費の区分の特例》＞
　一の修理、改良等のために要した費用の額のうちに資本的支出であるか修繕費であるかが明らかでない金額（7-8-3又は7-8-4の適用を受けるものを除く。）がある場合において、法人が、継続してその金額の30％相当額とその修理、改良等をした固定資産の前期末における取得価額の10％相当額とのいずれか少ない金額を

修繕費とし、残額を資本的支出とする経理をしているときは、これを認める。
(注) 当該固定資産の前期末における取得価額については、7-8-4の (2) の (注) による。

関係質疑応答事例

ワンルームマンションのカーテンの取替費用

【照会要旨】
　ワンルームマンション200室のカーテンの取替費用800万円は、資本的支出として資産計上を要しますか。

【回答要旨】
　1組として使用されるカーテン（本件の場合は1部屋（室）ごと）の取得価額が10万円未満である場合には、消耗品として損金の額に算入しても差し支えありません。

(理由)
　カーテン1枚では独立した機能を有しませんので、1組として使用される単位（部屋）ごとに取得価額を判定することが相当と考えられます。

【関係法令通達】
　法人税法施行令第133条
　法人税基本通達7-1-11

アパートの壁紙の張替費用

【照会要旨】
　アパートの壁紙の張替費用200万円は、修繕費として損金の額に算入して差し支えありませんか。

【回答要旨】
　修繕費として損金の額に算入して差し支えありません。

(理由)

建物取得時の壁紙の取得価額は、建物の取得価額を構成するものですが、本件の壁紙の張替えは、建物の通常の維持管理のため、又はき損した建物につきその原状を回復するために行われたものと考えられますから、それに要した費用はその全額を修繕費とするのが相当と考えられます。
【関係法令通達】
　　法人税法施行令第132条
　　法人税基本通達7-8-2

**自社の事務室の蛍光灯を蛍光灯型LEDランプに
取り替えた場合の取替費用の取扱いについて**

【照会要旨】
　当社では、節電対策として自社の事務室の蛍光灯を蛍光灯型LEDランプに取り替えることを考えていますが、その取替に係る費用については、修繕費として処理して差し支えありませんか。
　なお、当社は、これまで蛍光灯が切れた際の取替費用を消耗品費として処理しています。
【取替の概要】
①　事務室の蛍光灯100本すべてを蛍光灯型LEDランプに取り替える。
　　なお、この取替えに当たっては、建物の天井のピットに装着された照明設備（建物附属設備）については、特に工事は行われていない。
②　蛍光灯型LEDランプの購入費用　　10,000円／本
③　取付工事費　1,000円／本
④　取替えに係る費用総額　1,100,000円
【取替メリット】
①　消費電力が少ない（電気代の削減）
②　寿命が長い
③　LEDランプの白色光は、紫外線をほとんど含まないため、生

鮮物や化学薬品に影響が小さく、また虫の飛来抑制にもなる
④　安全で軽量
⑤　発熱が少ないため、空調に与える影響が少なく、エアコンなどに係る負担を軽減できる

【回答要旨】
　照会要旨に係る事実関係を前提とする限り、貴見のとおり解して差し支えありません。
（理由）
1　修繕費と資本的支出
　　法人がその有する固定資産の修理、改良等のために支出した金額のうち当該固定資産の通常の維持管理のため、又はき損した固定資産につきその原状を回復するために要したと認められる部分の金額は修繕費となります（法基通7-8-2）。一方、法人がその有する固定資産の修理、改良等のために支出した金額のうち、当該固定資産の価値を高め、又はその耐久性を増すこととなると認められる部分に対応する金額は資本的支出となります（法令132、法基通7-8-1）。
2　本件へのあてはめ
　　蛍光灯を蛍光灯型LEDランプに取り替えることで、節電効果や使用可能期間などが向上している事実をもって、その有する固定資産の価値を高め、又はその耐久性を増しているとして資本的支出に該当するのではないかとも考えられますが、蛍光灯（又は蛍光灯型LEDランプ）は、照明設備（建物附属設備）がその効用を発揮するための一つの部品であり、かつ、その部品の性能が高まったことをもって、建物附属設備として価値等が高まったとまではいえないと考えられますので、修繕費として処理することが相当です。
【関係法令通達】
　法人税法施行令第132条
　法人税基本通達7-8-1、7-8-2

周波数移行に伴うソフトウェア修正費用の取扱い

【照会要旨】

（１）衣料品小売業を営む甲社は、商品の販売管理・在庫管理のため、電子タグに対応したPOSレジシステムを導入しています。POSレジシステムでは、商品の販売時に、商品に付した電子タグをアンテナにかざすことにより、アンテナから発せられる電波を利用して、電子タグに書き込まれた情報を読み取り、その読み取られた情報を読み取り機（リーダ／ライタ）を通じてPOSレジに連携させることで、商品の精算処理等が行われます。

【POSレジシステムのイメージ】

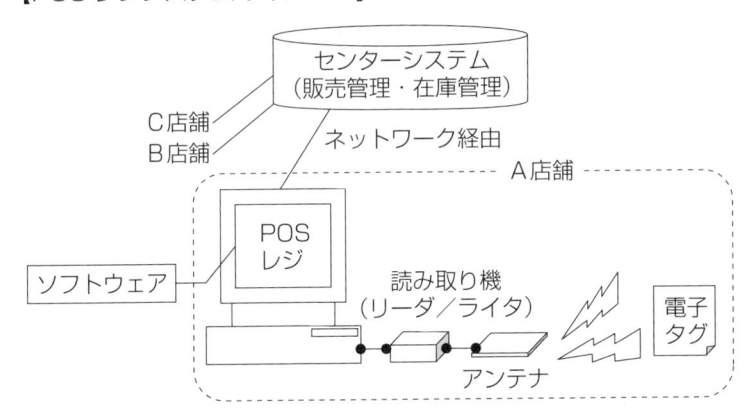

（２）電波法の改正（平成23年８月施行）により導入された終了促進措置（下記（注）参照）により、甲社は、同法に定める認定開設者である携帯電話事業者（以下「認定開設者」といいます。）との間で、甲社がPOSレジシステムで使用していた電波の周波数帯を早期移行し、この周波数帯移行に必要な費用を認定開設者が負担することについて合意しました。今後、甲社が、周波数帯を移行するには、POSレジシステムで利用している読み取り機（リーダ／ライタ）やアンテナなどの機器を新周波数帯に対応したものに交換することとなります。また、従前と同様にPOSレジを稼動させるため、POSレジで使用している

ソフトウェアについても、新たな読み取り機（リーダ／ライタ）等に対応できるよう、外部業者に委託してプログラムを修正する必要があります。

　POSレジで使用しているソフトウェアは、電子タグから読み取った情報をセンターシステムのデータベースに問い合わせたり、該当する商品の情報をPOSレジ画面に表示するなどの機能を有するものですが、今回行うプログラムの修正は、新周波数帯に対応した読み取り機（リーダ／ライタ）で読み取ったデータをシステムに取り込むための最小限の修正を行うものであり、従来から使用しているプログラムと同等の機能を維持するために行う修正にとどまり、新たな機能を追加したり、従来より機能を向上させるものではありません。

（3）甲社は、認定開設者から、このプログラムの修正に要する費用相当額の現金を受領し、受贈益を計上することとなりますが、別途、甲社がこのプログラムの修正のために外部業者に支払った費用については、修繕費に該当すると解して差し支えないでしょうか。

　（注）「終了促進措置」とは、携帯電話事業者等の認定開設者が早期に周波数を使用することを目的に、認定開設者と既存の無線局の利用者との合意に基づき、国が定めた周波数の使用期限より早い時期に、周波数移行を完了させるため移行費用等（無線局の無線設備及びこれに附属する設備の取得に要する費用、当該設備の工事に要する費用、プログラムの変更に要する費用等）を認定開設者が負担する等の措置のことです。終了促進措置の概要については、下記リンク先を参照してください。

　　(http://www.tele.soumu.go.jp/j/ref/portal/)

【回答要旨】
　照会意見のとおりに解して差し支えありません。
（理由）

法人が、その有するソフトウェアにつきプログラムの修正等を行った場合において、当該修正等が、プログラムの機能上の障害の除去、現状の効用の維持等に該当するときはその修正等に要した費用は修繕費に該当し、新たな機能の追加、機能の向上等に該当するときはその修正等に要した費用は資本的支出に該当します（法基通7-8-6の2）。

　ご照会のプログラムの修正は、周波数帯の移行に伴い、新周波数帯に対応した読み取り機（リーダ／ライタ）で読み取ったデータをシステムに取り込むための最小限の修正を行うものであり、従来から使用しているプログラムと同等の機能を維持するために行う修正にとどまるとのことですから、甲社が支出したプログラム修正費用については、修繕費に該当します。

【関係法令通達】
　電波法第27条の12第2項第5号
　法人税法施行令第132条
　法人税基本通達7-8-6の2

間仕切り用パネルに係る少額減価償却資産の判定等

【照会要旨】
　賃借したビルについて間仕切りをすることとなり、その間仕切り用に用いるパネル（反復して撤去・設置が可能なもの）を複数枚取得しますが、当該パネルの取得価額が一枚当たり10万円未満であるときは、そのパネルは、少額の減価償却資産に該当するものとして一時に損金の額に算入して差し支えありませんか。

【回答要旨】
　このような間仕切り用パネルについては、間仕切りとして設置した状態において少額の減価償却資産であるかどうかを判定することが相当と考えられます。

（理由）
　本件の場合のような間仕切り用のパネルについては、通常パネル

一枚では独立した機能を有するものではなく、数枚が組み合わされて隔壁等を形成するものですから、個々のパネル１枚ごとに少額の減価償却資産であるかどうかを判定することは相当ではありません。

《参考》
○ 減価償却資産の耐用年数等に関する省令（抄）

別表第一　機械及び装置以外の有形原価償却資産の耐用年数表

種類	構造又は用途	細目	耐用年数
建物附属設備	可動間仕切り	簡易なもの その他のもの	三 一五

【関係法令通達】
　法人税法施行令第133条
　減価償却資産の耐用年数等に関する省令別表第１
　法人税基本通達７−１−11
　耐用年数の適用等に関する取扱通達２-２-６の２

1　規定の概要

　固定資産を事業の用に供している場合には、その資産の機能を維持し、損傷部分の補修又は機能の向上を図るなど種々の費用が投下される。

　税法上は、一般的にこれらのうち、通常の維持管理のために要するものを修繕費等とし、その資産の価値を高め又はその資産の使用可能期間を延長するようなものを資本的支出としている。

　しかし、実務上はそれらの判断が困難なケースが多く、とりあえず法人税基本通達における形式基準によって対応しているケースが多い。

なお、法人税基本通達の構成としては、9-6-1及び9-6-2において資本的支出と修繕費の原則論を示し、9-6-3以降において重要性の原則や支出の実態を配慮した特例を示すという内容になっている。

そこで、それらの内容を整理するとともに、留意点について検討していく。

2 形式基準の内容

実務上、その支出が資本的支出か修繕費かを判断するには、上記の基本通達を参考に次の順序で行うのが一般的である。

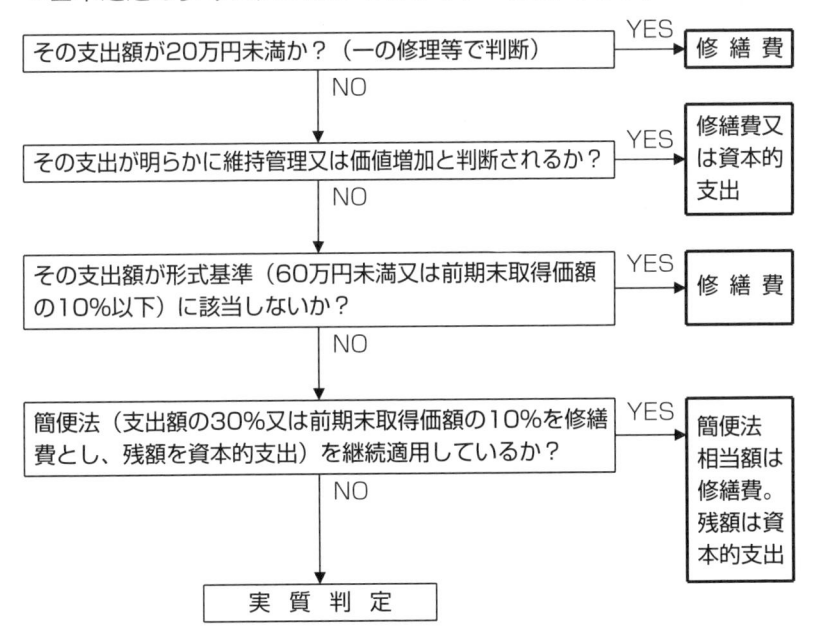

```
その支出額が20万円未満か？（一の修理等で判断） ──YES→ 修繕費
            │NO
            ↓
その支出が明らかに維持管理又は価値増加と判断されるか？ ──YES→ 修繕費又は資本的支出
            │NO
            ↓
その支出額が形式基準（60万円未満又は前期末取得価額の10%以下）に該当しないか？ ──YES→ 修繕費
            │NO
            ↓
簡便法（支出額の30％又は前期末取得価額の10％を修繕費とし、残額を資本的支出）を継続適用しているか？ ──YES→ 簡便法相当額は修繕費。残額は資本的支出
            │NO
            ↓
         実 質 判 定
```

3 実務上のトラブルの原因

　上記のフローチャートを基に対応が可能できるケースは問題ないのであるが、実務では納税者が資産に対する支出を行った場合に、その支出の効果が「通常の維持管理」なのか、「価値の増加」となるのか明確に判断することができることは、むしろ少ないことから、その取扱いに困惑することが見受けられる。
　そのような具体的なケースとして、次の事例がある。

1 ●修繕費等として認められるケース
　～オーバーホールと修繕

1　設例
　金属製品製造業を営む会社において、新製品の製造に使用するプレス用機械（法定耐用年数12年）のシリンダー部分の磨耗が心配されるため、オーバーホール（解体点検、機械装置を修理又は改造するため全部又は一部を解体すること。）を行った。
　なお、オーバーホールに要した費用は約120万円であった（このプレス用機械は6年前に600万円で取得したものであり、ここ2～3年は18時間体制で稼動している。）。
　この費用は、修繕費等として認められるか。

2　検討
① オーバーホールに対する見解
　機械等のオーバーホールについては、基本的に2つの考え方がある。
・資本的支出説…オーバーホールはある程度金額も要するため、修繕費と解すべき基準である通常の維持管理としての修繕の範囲を超えるものであるから、原則として資本的支出と考えるべきである。

- 修繕費説………オーバーホールは、機械装置の維持管理のために当然必要とされる一般的な解体点検に過ぎず、修繕費として損金の額に算入されるべきものである。

② 修繕・維持の意義

　資産に対する支出が修繕費であるか資本的支出であるかは、それが修繕又は維持のためのものであるか、あるいは価値増加又は使用可能期間延長に該当するかということになるが、このうち修繕及び維持とは次のようなケースをいう。

- 修繕……固定資産の物理的経済的耐用年数の中途において何らかの原因で予定した用益の用途ができなくなったときに、その要因を排除すること。

- 維持……将来の修繕を予定してできる限りそのために支出する費用が少なくすむように平常行うところの手当てをいう。

③ 本設例の判断ポイント

　本設例のようなケースにおいて、まず考えなくてはならないのはオーバーホールの費用とそのオーバーホールの結果、今後使用するために要する部品交換等のための費用は別のものであるということである。

　基本的にオーバーホールという行為は、前述したように清掃及び点検するためのものであり、修繕費等として期間費用と考えるべきものだと考えられる。

　問題となるのは、その結果、部品等の交換・修理等が必要となったケースである。

　このケースで問題となるのは、あらかじめ耐用年数測定の際に織り込まれている程度を超えて補修が行われるケースであるが、その際に注意しなければならないのが、固定資産の原価要因が物理的なものであるか経済的なものであるかということである。

　このうち、物理的な原価に対する支出で修繕・維持のために行う

ものであれば修繕費となるし、経済的な原価に対してその機能をアップさせるための支出であれば資本的支出ということになる。
＜固定資産の原価要因＞
○物理的要因……使用及び時の経過によって生ずる原価
○経済的要因……旧式化など対外的に生ずる原価
④　検討内容
　本ケースでは、まず第一にオーバーホールの業者に支払った費用の内容を検討する必要がある。
　一般的には、その明細があることから、それに従うのが原則である（もし明細がない場合には、業者に依頼する必要がある。）。
　その結果、オーバーホールに要した作業代等は修繕費等として取り扱われ、部品交換・修繕等に要した費用については、その支出の内容によって区分することになる。
　実は、オーバーホールを業者に依頼する際には、本来の作業代の他に、次に示すような種々の費用が合わせて請求されることが少なくないという実情がある。
　㋑　機械等の運搬費用
　　オーバーホールを依頼する機械自体が1トン以上になるような重いものが珍しくなく、しかもその機械等を設置した状態で作業ができるような簡単ものではないため、いったん機械等を業者が引き取って作業を行うのが一般的である。
　　つまり、かなりの重量がある機械等を、数人でしかも専用の機材を利用して運搬するのであるから、その運搬に要する費用が必要となる。
　㋺　機械等の保管料
　　オーバーホールの作業は1〜2日で簡単に終了するものではなく、1週間〜10日以上も要することもある。
　　この場合、業者サイドとしては、1トン以上もある機械を一定

期間責任をもって預かることになるため、それなりの保管場所が必要になる。
　つまり、場所代及び責任料としての保管料も請求されることがある。
　これらの運搬料及び保管料は、機械等の価値増加や使用可能期間の延長に直接関係するものではないことから、金額を問わず、資本的支出という取扱いはなじまないと考えられる。
㈥　オーバーホールに関する費用
　この他に、実際に機械等のオーバーホールを行う作業代とオーバーホールを行った結果、部品交換等が必要になった場合には、その交換等に要する費用が必要となる。
　この場合、一般的にオーバーホールに要した作業代等は修繕費等として取り扱われ、その結果、部品交換・修繕等に要した費用については、その支出の内容によって区分する必要がある。
　基本的には、部品交換でも破損や磨耗した部品の交換であれば、主要部分の大部分を交換するような特殊なケースを除いては修繕費となるであろうし、効率を上げるために時間当たりの回転数を上げるような部品交換であれば資本的支出という取扱いになる。
　ただし現実的には、その支出内容が明確に区分できるケースは少なく、両方の要素が混在するケースもあることから、その場合には上記の形式的区分を適用するのも有効かと考える。

2 ●資本的支出に該当するとされたケース
　　～電話交換機用のプログラムの開発費用の取扱い
【平成16年7月16日裁決：TAINS F0-2-230】
1　事案の概要
　納税者は、平成12年4月1日から平成13年3月31日までの事業年度において、電話交換機用のプログラム（以下「本件各プログラ

ム」という。）の開発を行い、その開発に要した支出金額をソフトウエア費の名目で損金の額に算入して申告したところ、原処分庁は、本件ソフトウエア費は無形固定資産の取得価額に算入すべきものであり、一時の損金の額には算入されないとして、更正処分を行った。

納税者は、この処分を不服として、審査請求した事例である。

2 納税者の主張

以下のとおり、本件各プログラムは市場販売目的で開発されたものではなく、法人税法施行令13条に規定するソフトウエアには該当しない。

① 本件各プログラムは他社の電話交換機では作動せず、汎用性を有するものではない。

② 本件各プログラムは搭載交換機と機能上一体であり、分離して売買することができないため、それ自体としての収益を期待できない。したがって、本件各プログラムは搭載交換器の部品に過ぎず、「企業会計審議会」が設定した「研究開発費に係る会計基準」に定められる市場販売目的のソフトウエアとしての要件を満たしていない。

③ 原処分庁は、製造原価を個別に把握できるという理由から、本件各プログラムは市場販売目的のものと同様の経済価値を有するとしているが、このことは費用管理の問題であり、本件プログラムが独自の収益を持つことを意味するものではない。

3 課税庁の主張

以下のとおり、本件各プログラムは、法人税法施行令に該当するソフトウエアに該当する。

① 請求人が開発している電話交換機は、ソフトウエアで作動するコンピューターそのものであり、本件各プログラムは当該電話交換機に一定の仕事を行わせるプログラムであることから、研究開発費等会計基準に定めるソフトウエアであり、法人税法上もソフ

トウエアに該当するものである。
② 本件各プログラムは、単独で販売されるものではないが、搭載交換機に組み込まれて販売されるのであるから、市場販売のものと同様の価値のものと認められる。
③ 請求人は、本件各プログラムを製造番号ごとに管理しており、搭載交換機と別個の経済価値として把握することが可能であるため、両者は別のものとして原価計算上区分する必要があると考えられる。

4 審判所の判断

① 法人税法施行令において、ソフトウエアは無形固定資産とする旨規定されているところ、その具体定期な概念・範囲について定めはないが、一般的には、研究開発費等会計基準と同様に、コンピューターを機能させるように指令を組み合わせて表現したプログラム等をいい（研究開発費等基準 - 2）、その範囲は、コンピューターに一定の仕事を行わせるためのプログラム及びシステム仕様書等の関連文書と解するのが相当である。
② このことを本件に当てはめると、搭載交換機は、企業内ネットワークの中心として各種の高度な通信機能を有しており、本件各プログラムを含むプログラム群により作動するコンピューターそのものと認められる。よって、本件各プログラムは、搭載交換機を総合的に制御し、搭載交換機に一定の仕事を行わせるプログラムであることから、研究開発費等会計基準にいうソフトウエアに該当し、さらには、法人税法施行令に規定するソフトウエアにも該当するものと認められる。
③ 請求人は、本件各プログラムにつき、㋑他社の電話交換機との汎用性がないこと、㋺搭載交換機と分離して売買することができないため、それ自体収益を期待できないこと、㊂製造費用が個別把握できてもそれ自体として収益を持つことにはならないことな

どを理由として、本件各プログラムは市場販売のものではないことから、法人税法施行令のソフトウエアに該当しない旨主張する。

しかしながら、本件プログラムは、(ａ)他社の電話交換器との汎用性の有無にかかわらず、搭載交換機に一定の仕事を行わせるものと認められ、また(ｂ)搭載交換器にインストールされた本件各プログラムの複写物は搭載交換器との部品としての性格を有するものの、インストールによって本件プログラムが減価又は消滅するものではなく、それ自体の資産の価値に影響を与えるものではないと認められる。

そうすると、本件プログラムは、搭載交換器の部品とはいえず、本件各プログラムと搭載交換機のハードウエアは、機能的にも経済的にも別個の価値を持つものと解するのが相当であるから、請求人の主張を採用することはできない。

上記事例のとおり、ソフトウエアを組み込むことで価値が上昇するかを判断するのは困難なことが理解できよう。その税務判断に当たっては、慎重かつ十分な検討が必要となる。

4 トラブルを招かない実務上の留意点・問題点

現行の修繕費・資本的支出に関する法人税法上の規定及びそれに関係して問題となった事例をみてきたが、あくまでも法人税基本通達で定める「通常の維持管理」のためのものか、「価値を増加させるもの、使用可能期間を延長させるもの」という考え方は机上のものであり、それを明確に区分できるケースはむしろ限定的と考えられよう。たとえ修理の専門家であってもその判断は困難であり、ほとんどのケースについては、両者の要素が少なからず含まれているのが実情ではないかと思われる。

したがって、その判断においては、便宜的に法人税基本通達9-6-3以降の形式基準を有効利用することについては理解できるが、基本的な両者の区分のスタンスとしては、例えば資産に対して手を加える場合について、その資産について今まで有していなかった機能を追加するケースや素材自体を大幅に変更するケース、あるいは主要部分を交換するケースなど、明らかに「価値が増加するあるいは使用可能期間が延長する」と客観的に認められる場合を除いては、修繕費等として取り扱うなどの対応が現実的ではないかと考える。

08 有価証券の評価損

問題の所在

① 上場有価証券について、取得価額に対する期末時価の50％以上の下落、及び株価の回復の見込みは、どのように判断を行うのか。

② 非上場株式について、発行法人の資産状況はどのようにして把握すればよいのか。

関係条文等

<法人税法33条1、2項《資産の評価損の損金不算入等》>

1　内国法人がその有する資産の評価替えをしてその帳簿価額を減額した場合には、その減額した部分の金額は、その内国法人の所得の金額の計算上、損金の額に算入しない。

2　内国法人の有する資産につき、災害による著しい損傷により当該資産の価額がその帳簿価額を下回ることとなったことその他政令で定める事実が生じた場合において、その内国法人が当該資産の評価換えをして損金経理によりその帳簿価額を減額したときは、その減額した部分の金額のうち、その評価替えの直前の当該資産の帳簿価額とその評価替えをした日の属する事業年度終了の時における当該資産の価額との差額に達するまでの金額は、前項の規定にかかわらず、その評価換えをした日の属する事業年度の所得の金額の計算上、損金の額に算入する。

<法人税法施行令68条1項2号《資産の評価損の計上ができる事実》>

法第33条第2項（特定の事実が生じた場合の資産の評価損の損

金算入）に規定する政令で定める事実は、物損等の事実（次の各号に掲げる資産の区分に応じ当該各号に定める事実であって、当該事実が生じたことにより当該資産の価額がその帳簿価額を下回ることとなったものをいう。）及び法的整理の事実（更生手続におけるが評定が行われることに準ずる特別の事実をいう。）とする。

一　（略）

二　有価証券　次に掲げる事実
　　イ　第119条の13第１号から第３号まで（売買目的有価証券の時価評価金額）に掲げる有価証券（第119条の２第２項第２号（有価証券の１単位当たりの帳簿価額の算出の方法）に掲げる株式又は出資に該当するものを除く。）の価額が著しく低下したこと。
　　ロ　イに規定する有価証券以外の有価証券について、その有価証券を発行する法人の資産状況が著しく悪化したため、その価格が著しく低下したこと。

＜法人税基本通達９−１−７《上場有価証券等の著しい価額の低下の判定》＞

　令第68条第１項第２号イ（上場有価証券等の評価損の計上ができる事実）に規定する「有価証券の価格が著しく低下したこと」とは、当該有価証券の当該事業年度終了の時における価額がその時の帳簿価額のおおむね50％相当額を下回ることとなり、かつ、近い将来その価額の回復が見込まれないことをいうものとする。

（注）１　同号イに規定する「第119条の13第１号から第３号までに掲げる有価証券」は、法第61条の３第１項第１号《売買目的有価証券の期末評価額》に規定する売買目的有価証券か否かは問わないことに留意する。

　　　２　本文の回復可能性の判断は、過去の市場価格の推移、発行法人の業況等も踏まえ、当該事業年度終了の時に行うのであ

るから留意する。

＜法人税基本通達９-１-８《上場有価証券等の価額》(抜粋)＞

　法第33条第２項《資産の評価換えによる評価損の損金算入》の規定の適用に当たり、令第68条第１項第２号イ《上場有価証券の評価損が計上できる事実》に掲げる有価証券（以下「上場有価証券等」という。）に係る法33条第２項に規定する資産の価額は、９-１-15《企業支配株式等の時価》の適用を受けるものを除き、令第119条の13第１号から第３号まで《上場有価証券等の時価評価金額》及びこれらの規定に係る取扱いである２-３-30から２-３-34まで《上場有価証券等の時価評価額の取扱い》により定められている価額（以下９-１-８において「市場価格」という。）による。この場合、法第61条の３第１項第２号（売買目的外有価証券の期末評価額）に規定する売買目的外有価証券については、当該事業年度終了の日以前１月間の当該市場価格の平均額によることも差し支えない。

＜法人税基本通達９-１-９《上場有価証券等以外の有価証券の発行法人の資産状態の判定》＞

　令第68条第１項第２号ロ《上場有価証券等以外の有価証券の評価損の計上ができる事実》に規定する「有価証券を発行する法人の資産状態が著しく悪化したこと」には、次に掲げる事実がこれに該当する。
(１) 当該有価証券を取得して相当の期間を経過した後に当該発行法人について次の事実が生じたこと。
　　イ　特別清算開始の命令があったこと。
　　ロ　破産手続開始の決定があったこと。
　　ハ　再生手続開始の決定があったこと。
　　ニ　更生手続開始の決定があったこと。
(２) 当該事業年度終了の日における当該有価証券の発行法人の１

株又は１口当たりの純資産価額が当該有価証券を取得した時の当該発行法人の１株又は１口当たりの純資産価額に比しておおむね50％以上下回ることとなったこと。
(注)（２）の場合においては、次のことに留意する。
　一　当該有価証券の取得が２回以上にわたって行われている場合又は当該発行法人が募集株式の発行等若しくは株式の併合等を行っている場合には、その取得又は募集株式の発行等があった都度、その増加又は減少した当該有価証券の数及びその取得又は募集株式の発行等若しくは株式の併合等の直前における１株又は１口当たりの純資産価額を加味して当該有価証券を取得した時の１株又は１口当たりの純資産価額を修正し、これに基づいてその比較を行う。
　二　当該発行法人が債務超過の状態にあるため１株又は１口当たりの純資産価額が負（マイナス）であるときは、当該負の金額を基礎としてその比較を行う。

＜法人税基本通達９-１-13《上場有価証券等以外の株式の価額》＞
　上場有価証券等以外の株式につき法第33条第２項《資産の評価換えによる評価損の損金算入》の規定を適用する場合の当該株式の価額は、次の区分に応じ、次による。
（１）売買実例のあるもの　当該事業年度終了の日前６月間において売買の行われたもののうち適正と認められるものの価額
（２）公開途上にある株式で、当該株式の上場に際して株式の公募又は売出しが行われるもの（（１）に該当するものを除く。）
　　　金融商品取引所の内規によって行われる入札により決定される入札後の公募等の価格等を参酌して通常取引されると認められる価額
（３）売買実例のないものでその株式を発行する法人と事業の種類、規模、収益の状況等が類似する他の法人の株式の価額があるもの（（２）に該当するものを除く。）　当該価格に比準して推定し

た価額
(4) (1) から (3) に該当しないもの　当該事業年度終了の日又は同日に最も近い日におけるその株式の発行法人の事業年度終了の時における1株当たりの純資産価額等を参酌して通常取引されると認められる価額

＜法人税基本通達9-1-14《上場有価証券等以外の株式の価額の特例》＞

　法人が、上場有価証券等以外の株式（9-1-13（1）及び（2）に該当するものを除く。）について法33条第2項《資産の評価換えによる評価損の損金算入》の規定を適用する場合において、事業年度終了の時における当該株式の価額につき「財産評価基本通達」の178から189-7まで《取引相場のない株式の評価》の例によって算定した価額によっているときは、課税上弊害がない限り、次によることを条件としてこれを認める。
(1) 当該株式の価額につき財産評価基本通達179の例により算定する場合において、当該法人が当該株式の発行会社にとって同通達188の（2）に定める「中心的な同族株主」に該当するときには、当該発行会社は常に同通達178に定める「小会社」に該当するものとしてその例による。
(2) 当該株式の発行会社が土地又は金融証券取引所に上場されている有価証券を有しているときは、財産評価基本通達185の本文に定める「1株当たりの純資産価額（相続税評価額によって計算した金額）」の計算に当たり、これらの資産については当該事業年度終了の時における価額によること。
(3) 財産評価基本通達185の本文に定める「1株当たりの純資産価額（相続税評価額によって計算した金額）」に計算に当たり、同通達186-2により計算した評価差額に対する法人税額等に相当する金額は控除しないこと。

関係質疑応答事例

株価が50％相当額を下回る場合における株価の回復可能性の判断基準について

【照会要旨】

当社が長期保有目的で所有する上場株式の時価（株価）は大幅に下落しており、当事業年度末における株価が帳簿価額の50％相当額を下回る状況にあります。

税務上、上場株式の評価損の損金算入が認められるには、一般的に株価が過去２年間にわたり50％程度以上下落した状況になくてはならないというようなことを聞きますが、当社が所有する上場株式はこのような状況に該当しないことから、損金算入することは認められないのでしょうか。

【回答要旨】

上場株式の事業年度末における株価が帳簿価額の50％相当額を下回る場合における評価損の損金算入に当たっては、株価の回復可能性についての検証を行う必要がありますが、回復可能性がないことについて法人が用いた合理的な判断基準が示される限りにおいては、その基準が尊重されることとなります。

したがって、必ずしも株価が過去２年間にわたり帳簿価額の50％程度以上下落した状態でなければ損金算入が認められないというものではありません。

（理由）

1　法人の所有する上場有価証券等（取引所売買有価証券、店頭売買有価証券、取扱有価証券及びその他価格公表有価証券（いずれも企業支配株式に該当するものを除きます。））について、その価額が著しく低下し、帳簿価額を下回ることとなった場合で、法人が評価換えをして損金経理によりその帳簿価額を減額したときは、帳簿価額とその価額との差額までの金額を限度として評価損の損金算入が認められます（法法33②、法令68①二イ）。

2 この場合の「価額が著しく低下したこと」については、①上場有価証券等の事業年度末の価額がその時の帳簿価額のおおむね50％相当額を下回ることになり、かつ、②近い将来その価額の回復が見込まれないことをいうものとされています（法基通9-1-7）。

3 このように、評価損の損金算入が認められるためには、株価の回復可能性に関する検証を行う必要がありますが、どのような状況であれば、「近い将来その価額の回復が見込まれない」と言えるかが問題となります。株価の回復可能性の判断のための画一的な基準を設けることは困難ですが、法人の側から、過去の市場価格の推移や市場環境の動向、発行法人の業況等を総合的に勘案した合理的な判断基準が示される限りにおいては、税務上その基準は尊重されることとなります。有価証券の評価損の損金算入時期としては、これらの合理的な判断がなされる事業年度で損金算入が認められることとなりますので、必ずしも、株価が過去2年間にわたり帳簿価額の50％程度以上下落した状況でなければ損金算入が認められないということではありません。

4 なお、法人が独自にこの株価の回復可能性に係る合理的な判断を行うことは困難な場合もあると考えられます。このため、発行法人に係る将来動向や株価の見通しについて、専門性を有する客観的な第三者の見解があれば、これを合理的な判断の根拠のひとつとすることも考えられます。

　具体的には、専門性を有する第三者である証券アナリストなどによる個別銘柄別・業種別分析や業界動向に係る見通し、株式発行法人に関する企業情報などを用いて、当該株価が近い将来回復しないことについての根拠が提示されるのであれば、これらに基づく判断は合理的な判断であると認められるものと考えられます。

【関係法令通達】
法人税法第33条第1項、第2項
法人税法施行令第68条第1項第2号イ

法人税基本通達9-1-7

評価損を計上した上場株式の時価が翌期に回復した場合の遡及是正について

【照会要旨】

　当社が長期保有目的で所有する上場株式の時価（株価）は大幅に下落しており、当事業年度末における株価が帳簿価額の50％相当額を下回る状況にあります。そこで、当社では当事業年度末時点において合理的な判断基準に基づいて株価の回復可能性を判断した上で、その株式の評価損を損金算入することとしました。

　ところで、翌事業年度で株価が上昇した場合など翌事業年度以降に状況の変化があった場合には、当事業年度に評価損として損金算入した処理を遡って是正する必要がありますか。

【回答要旨】

　翌事業年度以降に株価の上昇などの状況の変化があったとしても、そのような事後的な事情は、当事業年度末の株価の回復可能性の判断に影響を及ぼすものではなく、当事業年度に評価損として損金算入した処理を遡って是正する必要はありません。

（理由）

　法人税基本通達9-1-7（注）2にもあるとおり、株価の回復可能性の判断は、あくまでも各事業年度末時点において合理的な判断基準に基づいて行うものです。

　このため、例えば、当事業年度末においては将来的な回復が見込まれないと判断して評価損を計上した場合に、翌事業年度以降に状況の変化（株価の上昇など）があったとしても、そのような事後的な事情は当事業年度末時点における株価の回復可能性の判断に影響を及ぼすものではなく、当事業年度に評価損として損金算入した処理を遡って是正する必要はありません。

【関係法令通達】

　法人税法第33条第1項、第2項

> 法人税法施行令第68条第1項第2号イ
> 法人税基本通達9-1-7

1 規定の概要

　有価証券は、その性格上、発行法人の財政状況を反映させるものであることから、その時価は常に変動するものである。

　税法上、その評価額が問題となるのは取得時、譲渡時、さらに期末時であるが、その中でも特に有価証券の時価が下落した場合の取扱いについて、期末時に評価損の計上が認められるのかということについて検討する。

　まず、有価証券の評価損に対する会計及び税法の考え方を確認すると、次のとおりである。

1 ●企業会計のスタンス

　企業会計では、資産の評価は取得価額を基礎とするとともに、評価益については、これを禁止する立場を採っている。

　しかし評価損については、保守主義の立場から、未実現の損失についてこれを積極的に認識させ、企業利益に反映させることとしている。

【例】　市場性のある資産（子会社及び関連会社の株式並びに満期保有目的の債券を除く。）**期末の時価又は適正な価格**を付す（会社計算規則5）。　　　　　　　　　　　※太字は筆者による。

2 ●税法のスタンス

　税法では、期間損益の平準化及び租税回避を防止する立場から、原則として評価損は損金の額に算入しないこととしている。

つまり、法人の所得金額は、あくまでも取得原価主義を適用して算出されるものとの立場を明確にしている（なお、売買目的有価証券については、例外的に期末において時価評価が強制適用される。）。

ただし、その実態を考慮し、資産の種類ごとに特定の事実が生じた場合に限り、一定の形式基準を設けることにより、評価損の計上を認めている。

なお、法人が有価証券を取得する目的としては、投資目的と支配目的とがあることから、評価損の計上が認められる事由としても、それぞれの状況を考慮したものとなっている。

2 形式基準の内容

有価証券について評価損が認められる場合の概要は、おおむね次のとおりである。

区　　　　　分	原　因　事　実
①　市場価格のあるもの（注）	価額が著しく低下し、近い将来回復の見込みがないこと
②　①以外の有価証券（非上場株式等）	発行法人の資産状況が著しく悪化したため、価格が著しく低下したこと
すべての有価証券	③　会社更生法又は金融機関の更生手続の特例等に関する法律による更生計画認可決定により評価換えする必要が生じたこと
	④　②又は③に準ずる特別の事実があったこと

（注）　市場価格のあるものとは、「取引所売買有価証券」「店頭売買有価証券」「その他の価格公表有価証券」をいう。

1 ●「価格の著しい下落」とは

法人税法施行令68条１項２号イ《上場有価証券等の評価損の計

上ができる場合》に規定する「有価証券の価額が著しく低下したこと」とは、当該有価証券の期末時価が、その時の帳簿価額のおおむね50％相当額を下回ることとなった場合をいうものとされている（法基通9-1-7）。

50％相当額を判定要素としたのは、一般に株式相場は20～30％程度の価額変動があり、この程度の低下は回復に長時間要しないとの考え方によるものである。

2 ● 「近い将来回復の見込みがない」とは

もう1つの判定要素として、近い将来その価額の回復が見込まれないことが必要となる（法基通9-1-7後段）。

この要件は、企業会計原則及び会社法にも定められており、税法でも同じ考え方に準ずる意味で設けられたものである。

もっとも、税務上、回復見込みを判断するといっても、形式的な基準があるわけでもなく、また、元々将来にわたる有価証券の価額を予測することは難しい面があることは言うまでもないことから、回復見込みに関する法人自身の合理的な判断については、税務上も尊重されるべきものである。

また、一口に上場有価証券等といっても、株式と債券では、回復見込みの判断はおのずと趣きがやや異なることになる。

「金融商品会計に係る実務指針」では、株式の時価が過去2年にわたり50％程度以上下落した状態にある場合や、株式の発行会社が債務超過の状態にある場合、又は2期連続で損失を計上しており、翌期もそのように予想される場合には、「回復の見込みがあるとは認められない」と規定されている。

他方、債券の場合は、単に一般市場金利の大幅な上昇によって時価が著しく下落した場合であって、いずれ時価の下落は解消すると見込まれるときには、回復する可能性があるものと認められるが、

格付けの著しい低下があった場合など信用リスクの増大に起因して時価が著しく下落した場合には、回復する見込みがあるとは認められないとされている。

　このような回復見込みの判断は、特段の事情のない限り、税務上も同様であるし、むろん評価損の計上がこのようなケースに限られるものでもないと考えられる。

(参考)　窪田悟嗣編著『法人税基本通達逐条解説（五訂版）』(税務研究会)

　また当然のことながら、回復見込みの判断については、事業年度末において、過去の市場の推移や発行法人の業績・財政状態等を勘案して行うこととなる。

　したがって、例えば、前期末において将来的な回復が見込まれないとして評価損を計上した場合に、当期になってその後に生じた事情により株価が急騰して結果的に帳簿価額を上回るようなことになったとしても、前期に遡って評価損の損金算入額を是正する必要はない（法基通9-1-7注書）。

3 実務上のトラブルの原因

　特に上場有価証券に対する評価損を計上する場合の要件となっている「近い将来回復の見込みがない」という基準については、具体的な目安がほとんどなく、しかもその後の状況によっては税務当局から不適切な税務処理として否認される恐れがあることから、損金算入していない企業が多かったのが事実である（日本経済新聞平成21年3月20日）。

　そこで、リーマン・ショック後の世界経済不況に対する経済危機対策の一環として、上場有価証券の評価損の計上について、より現実的な対応を行うべく、平成21年4月3日に国税庁から「上場有

価証券の評価損に関するＱ＆Ａ」が公表された（本Ｑ＆Ａの考え方は、その後、国税庁ホームページに質疑応答事例として承継されている。109頁参照）。

その主な内容は、おおむね次のとおりである。

> （１）株価が50％相当額を下回る場合における株価の回復可能性の判断基準
> ［Ｑ１］　当社が長期保有目的で所有する上場株式の時価（株価）は大幅に下落しており、当事業年度末における株価が帳簿価額の50％相当額を下回る状況にあります。
> 　　税務上、上場株式の評価損の損金算入が認められるには、一般的に株価が過去２年間にわたり50％以上下落した状況にならなくてはならないというようなことを聞きますが、当社が所有する上場株式はこのような状況に該当しないことから、損金算入することは認められないのでしょうか。
> ［Ａ］上場株式の事業年度末における株価が帳簿価額の50％相当額を下回る場合における評価損の損金算入に当たっては、株価の回復可能性について検証を行う必要がありますが、回復可能性がないことについて法人が用いた合理的な判断基準が示される限りにおいては、その基準が尊重されることとなります。
> 　…評価損の損金算入が認められるためには、株価の回復可能性に関する検証を行う必要がありますが、どのような状況であれば「近い将来回復の見込みがない」と言えるかが問題となります。
> 　　株価の回復可能性の判断のための画一的な基準を設けることは困難ですが、法人の側から、過去の市場価格の推移や市場環境の動向、発行法人の業績等を総合的に勘案した合理的な判断基準が示される限りにおいては、税務上その基準は尊重されることとなります。
> 　　有価証券の評価損の損金算入時期としては、これらの合理的な判断がなされる事業年度で損金算入が認められることとな

りますので、必ずしも、株価が過去2年間にわたり帳簿価額の50％以上下落した状況でなければ損金算入が認められないということではありません。

　なお、法人が独自にこの株価の回復可能性に係る合理的な判断を行うことは困難な場合もあると考えられます。このため、発行法人に係る将来動向や株価の見通しについて、専門性を有する客観的な第三者（証券アナリストなど）の見解があれば、これを合理的な判断の根拠の一つとすることも考えられます。…

（2）監査法人のチェックを受けて継続的に使用される形式的な判断基準
[Q2]　当社は、上場株式の事業年度末における時価（株価）が帳簿価額の50％相当額を下回る場合の株価の回復可能性の判断基準として、過去一定期間における株価動向に関する一定の形式基準を策定したいと考えており、税効果会計等の観点から当社の監査を担当する監査法人のチェックを受けながら、この基準を継続的に使用する予定です。この基準に基づいて損金算入の判断は合理的なものと認められますか。
[A]　監査法人による監査を受ける法人において、上場株式の事業年度末における株価が帳簿価額の50％相当額を下回る場合の株価の回復可能性の判断基準として一定の基準を策定し、税効果会計等の観点から自社の監査を担当する監査法人から、その合理性についてチェックを受けて、これを継続的に使用するのであれば、税務上その基準に基づく損金算入の判断は合理的なものと認められます。
　（参考）－「自社の監査を担当する監査法人によるチェック」について－
　　ここでいう「自社の監査を担当する監査法人によるチェック」は、税効果会計等の観点から、株主や債権者など利害関係を有

> する第三者の保護のために財務情報の信頼性を確保する責務を有する独立の監査法人や公認会計士が行うその責務に裏付けられた監査の一環として行われるものを指しています。
> 　このため、**監査法人等による関与であっても、その関与が自社の経営についてのコンサルタント業務のみを行うものや、会計参与や税理士による関与のように、利害関係を有する第三者の保護のために行われる監査には当たらないものは、これに該当しません。**

※太字は筆者による。

4 トラブルを招かない実務上の留意点・問題点

1 ●上場有価証券の場合

　現実問題として、たとえ証券会社等の担当者であっても、ほとんどの上場有価証券について「近い将来回復の見込みがある」か否かの判断は困難であろうと思われる。

　特に、東日本大震災等の影響により東京電力をはじめ、法人が所有する多くの上場株式の価格が大きく下落しており、その評価損についてどう対応するかの判断が必要となるケースが生じることが予想される。

　会計監査適用法人については、上記Q2による対応が可能となるが、それ以外の中小企業等については、金融商品会計による実務指針による、「株式の時価が過去2年にわたり50％程度以上下落した状態にある場合」や、「株式の発行会社が債務超過の状態にある場合」、又は「2期連続で損失を計上しており、翌期もそのように予想される場合」の基準によらざるを得ないのが実情であろうと考えられる。

　ただし、「過去2年間にわたって50％程度以上下落した状態にあ

<イメージ図>

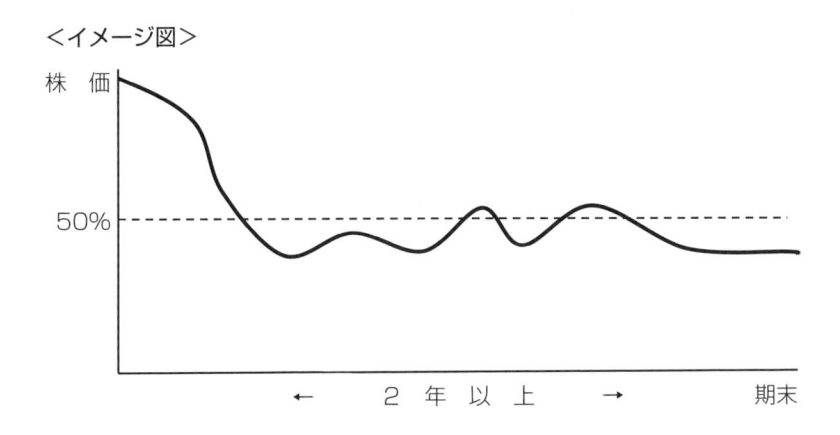

株価

50% -

← 2 年 以 上 → 期末

る場合」の要件については、必ずしも絶対的なものではなく、例えば、その間のほとんどの期間及び決算期末の時点で50％以下の状態であれば、その間に何度か50％を超えているようなケースであっても認められるような、ある程度の弾力性を持つものと解される。

2 ●非上場有価証券の場合

　法人が非上場有価証券を取得するケースとしては、子会社や関連会社を支配する目的で取得する場合や取引関係のある法人等からの依頼により取得する場合などが考えられる。

　その場合においても、その発行会社の財務内容が悪化することはあり得るため、上記したように「有価証券を発行する法人の資産状態が著しく悪化したこと」に該当する場合には、評価損の計上が認められることになる。

　現実問題として、この要件については、発行会社が更生手続等の決定があったケース以外は、発行法人の純資産価額をベースに判断せざるを得ないことになる。

　つまり、評価損を計上するためには、発行法人の純資産価額を算

定するための資料を入手することが最低条件であり、法人税基本通達9-1-13及び9-1-14の要件を満たす場合ということになるが、例えば同9-1-14（2）でいうところの、土地の時価については、可能であれば不動産鑑定評価額が望ましいが、公示価格比準倍率方式（路線価評価額を公示価格ベースで割り戻す方法。すなわち、路線価評価額÷0.8）なども認められるべきものと考える。

　特に関係会社株式について行う場合には、評価損の計上時期も含め、利益操作を指摘される可能性もあることから、対応は慎重に行いたいところである。

09 債権放棄、回収不能による貸倒損失の計上

問題の所在

① 法人税基本通達9-6-1により債権放棄によって貸倒損失を計上する場合の、「債務超過の状態が相当期間継続する」とは、具体的にどのような状況を指すのか。

② 法人税基本通達9-6-2において、全額回収できないことが明らかになった場合とは、どのように立証するのか。

関係条文等

＜法人税法22条3項3号《各事業年度の所得の金額の計算》＞

3 内国法人の各事業年度の所得の金額の計算上当該事業年度の損金の額に算入すべき金額は、別段の定めがあるものを除き、次に掲げる金額とする。

一～二（略）

三 当該事業年度の損失の額で資本等取引以外の取引に係るもの

＜法人税法37条7項《寄附金の損金不算入》＞

1～6 略

7 寄附金の額は、寄附金、拠出金、見舞金その他いずれの名義をもってするかを問わず、内国法人が金銭その他の資産又は経済的な利益の贈与又は無償の供与（広告宣伝及び見本品の費用その他これらに類する費用並びに交際費、接待費及び福利厚生費とされるべきものを除く。）をした場合における当該金銭の額若しくは金銭以外の資産のその贈与の時における価額又は当該経済的な利

益のその供与の時における価額によるものとする。

＜法人税基本通達9-6-1（4）《金銭債権の全部又は一部の切捨てをした場合の貸倒れ》＞

　法人の有する金銭債権について次に掲げる事実が発生した場合には、その金銭債権の額のうち次に掲げる金額は、その事実が発生した日の属する事業年度において貸倒れとして損金の額に算入する。
（1）～（3）（略）
（4）債務者の債務超過の状態が相当期間継続し、その金銭債権の弁済を受けることができないと認められる場合において、その債務者に対し書面により明らかにされた債務免除額

＜法人税基本通達9-6-2《回収不能の金銭債権の貸倒れ》＞

　法人の有する金銭債権につき、その債務者の資産状況、支払能力からみてその全額が回収できないことが明らかになった場合には、その明らかになった事業年度において貸倒れとして損金経理をすることができる。この場合において、当該金銭債権について担保物があるときは、その担保物を処分した後でなければ貸倒れとして損金経理することはできないものとする。
（注）保証債務は、現実にこれを履行した後でなければ貸倒れの対象にすることはできないことに留意する。

＜法人税基本通達9-4-1《子会社等を整理する場合の損失負担等》＞

　法人がその子会社等の解散、経営権の譲渡等に伴い当該会社等のために債務の引受けその他の損失負担又は債権放棄等（以下「損失負担等」という。）をした場合において、その損失負担等をしなければ今後より大きな損失を蒙ることになることが社会通念上明らかであると認められるためやむを得ずその損失負担等をするに至った等そのことについて相当な理由があると認められるときは、その損失負担等により供与する経済的利益の額は、寄附金の額に該当しな

いものとする。
(注) 子会社等には、当該法人と資本関係を有する者のほか、取引関係、人的関係、資金関係等において事業関連性を有する者が含まれる。

関係質疑応答事例

債務超過の状態にない債務者に対して債権放棄等をした場合

【照会要旨】
　債務超過の状態にない債務者に対して債権放棄等をした場合でも、寄附金課税を受けない場合はあるのでしょうか。

【回答要旨】
　一般的に、債務超過でない債務者に対して債権放棄等をした場合でも、営業状態や債権放棄等に至った事情等からみて経済合理性を有すると認められる場合には、債権放棄等による経済的利益の供与の額は、寄附金に該当しないものとして法人税法上損金算入が認められます。
　例えば、実質的に債務超過でない子会社等の再建等に際して債権放棄等を行う場合としては、次のような場合などが考えられます。
① 営業を行うために必要な登録、認可、許可等の条件として法令等において一定の財産的基礎を満たすこととされている業種にあっては、仮に赤字決算等のままでは登録等が取り消され、営業の継続が不可能となり倒産に至ることとなるが、これを回避するために財務体質の改善が必要な場合
② 営業譲渡等による子会社等の整理等に際して、譲受者側等から赤字の圧縮を強く求められている場合
　なお、財務諸表上は債務超過でないが資産に多額の含み損があり実質的な債務超過によって経営危機に陥っている子会社等に対して、合理的な再建計画に基づいてやむを得ず債権放棄等を行ったと

いったような場合は、経済合理性を有することはいうまでもありません。
【関係法令通達】
　法人税基本通達9-4-1、9-4-2

第三者に対して債務免除を行った場合の貸倒れ

【照会要旨】
　Ａ社は、得意先であるＢ社に対して5,000万円の貸付金を有していますが、Ｂ社は3年ほど前から債務超過の状態となり、その業績及び資産状況等からみても、今後その貸付金の回収が見込まれない状況にあります。
　そこで、Ａ社はＢ社に対して有する貸付金5,000万円について書面により債務免除を行うことを予定していますが、これを行った場合、Ａ社のＢ社に対する貸付金5,000万円を貸倒れとして損金算入することは認められますか。
　なお、Ａ社とＢ社との間には資本関係や同族関係などの特別な関係はなく、Ａ社とＢ社との取引はいわば第三者間取引といえるものです。
【回答要旨】
　当該貸付金については、貸倒れとして損金の額に算入されます。
（理由）
1　御照会の趣旨は、第三者に対して債務免除を行った場合に、その債務免除額は損金の額に算入できるかということかと思われます。この点、法人の有する金銭債権について、債務者の債務超過の状態が相当期間継続し、その金銭債権の弁済を受けることができないと認められる場合において、その債務者に対し書面により明らかにされた債務免除額は、その明らかにされた日の属する事業年度において貸倒れとして損金の額に算入することとされています（法人税基本通達9-6-1（4））。
　この場合の貸倒損失の計上は、金銭債権の弁済を受けることが

できないと認められる場合の債務免除の取扱いですので、その債務者が第三者であることをもって無条件に貸倒損失の計上ができるというものではありませんが、第三者に対して債務免除を行う場合には、金銭債権の回収可能性を充分に検討した上で、やむなく債務免除を行うというのが一般的かと思われますので、一般には同通達の取扱いにより貸倒れとして損金の額に算入されます。

(注) 第三者に対して債務免除を行う場合であっても、同通達に掲げる場合と異なり、金銭債権の弁済を受けることができるにもかかわらず、債務免除を行い、債務者に対して実質的な利益供与を図ったと認められるような場合には、その免除額は税務上貸倒損失には当たらないことになります。

2　A社の場合、第三者であるB社は債務超過の状態にあり、B社に対する貸付金の免除は、今後の回収が見込まれないために行うとのことですから、当該貸付金については上記1の取扱いにより貸倒れとして損金算入されます。

3　なお、上記1の取扱いの適用に当たっては、次の点に留意する必要があります。

(1) 「債務者の債務超過の状態が相当期間継続」しているという場合における「相当期間」とは、債権者が債務者の経営状態をみて回収不能かどうかを判断するために必要な合理的な期間をいいますから、形式的に何年ということではなく、個別の事情に応じその期間は異なることになります。

(2) 債務者に対する債務免除の事実は書面により明らかにされていれば足ります。この場合、必ずしも公正証書等の公証力のある書面によることを要しませんが、書面の交付の事実を明らかにするためには、債務者から受領書を受け取るか、内容証明郵便等により交付することが望ましいと考えられます。

【関係法令通達】

法人税基本通達9-6-1 (4)

1 規定の概要

　債権放棄による貸倒損失に関する税務上の原則的な取扱いは、損金の額に算入すべき金額として、法人税法22条3項において「当該事業年度の損失の額で資本等取引以外の取引に係るもの」と示されている。

　ただし、別段の定めとして、法人税法37条7項において損金不算入の計算対象となる寄附金の定義が示されており、それによると「…寄附金の額は、寄附金・拠出金・見舞金その他いずれの名義をもってするかを問わず、内国法人が金銭その他の資産又は経済的な利益の贈与又は無償の供与をした場合における当該金銭の額若しくは金銭以外の資産のその贈与の時における価額又は当該経済的利益のその供与の時における価額によるものとする。」となっていることから、基本的に債権放棄による貸倒損失もこの範囲に含まれることになる。

　さらに法人税基本通達9-6-1(4)では、「法人の有する金銭債権について一定の事実が発生した場合には、その事実が発生した日の属する事業年度において貸倒れとして損金の額に算入する」と規定しており、その事由として法律的に債権が消滅するケースとともに「債務者の債務超過の状態が相当期間継続し、その金銭債権の弁済を受けることができないと認められる場合において、その債務者に対し書面により明らかにされた債務免除額」が含まれている。

　したがって、債権放棄による債務免除のケースでは、法人税基本通達9-6-1の要件に該当するものであれば損金として、また要件に該当せず実質的な贈与と認められるものは寄附金として把握されることになる。

2 形式基準の内容

1 ●法人税基本通達9-6-1（4）関係

　法人税基本通達9-6-1（4）は、「債務者の債務超過の状態が相当期間継続し、その金銭債権の弁済を受けることができないと認められる場合において、その債務者に対し書面により明らかにされた債務免除額」という内容であり、その中にはいくつかの形式基準が要件として織り込まれていることから、それらの内容を整理すると次のように解される。

① **債務超過の状態とは**

　ここでいう債務超過の状態とは、相手先の会社に土地や有価証券などの含み資産がある場合には、それらを時価評価した状態で判断することになる。

　つまり、現実的には相手先の会社の貸借対照表の他、土地及び有価証券の明細及び地形図など時価評価の算定の基礎となる資料の入手が必要となる。

　したがって、相手先の法人が関係会社などのように、それらの資料の入手が可能なケースについては問題はないのであるが、第三者間のケースでは資料の入手が不可能なケースもあるため、仮に表面上債務超過であるが、時価評価すると債務超過にならない場合には、実質的な贈与として寄附金となる可能性があることに留意する必要がある。

　また、債権放棄額は全額を放棄するケースが多いと思われるが、理論的には、相手先の会社の時価ベースの貸借対照表の状況から判断して、何割が回収不能であるか合理的に計算できるようなケースでは、一部を債権放棄するということも考えられる。

② **相当期間継続するとは**

　通達によると①で示す債務超過の状態が相当期間継続することが

要件となっているが、これについては小田嶋清治編『回答事例による法人税質疑応答集（平成16年版）』（大蔵財務協会（なお、編者は刊行当時、東京国税局法人課税課長である。））によると、「債務超過の状態が相当期間継続するとは通常３年ないし５年債務超過の状態が続くことをいいますが、それにより貸金等の弁済が受けられるかどうかは個別に判断することが必要となります。」と説明されている。

確かに、３〜５年も時価ベースで債務超過の状態が継続すれば、弁済の可能性はかなり低いのであるが、実際には相手先法人の固定費等の支出状況にもよるが、その状況が２〜３年も続けば、弁済不可能なケースがほとんどであると考えられるため、あまり年数にこだわらず、現実的な個別対応をする必要があると思われる。

なお、その場合には、債権等の発生・返済状況、その後の債権回収の督促状況などを明確にする必要があることにも留意する必要がある。

③ 書面による債権放棄の方法

書面によって債権放棄を実行する場合には、相手方と債権放棄の契約書を締結する方法やそれを公正証書とする方法、書留で債権放棄通知書を送付する方法などいくつかの方法があるが、実行しやすくかつ有効な方法としては、債権放棄通知書を内容証明郵便によって送付する方法が一般的である。

この方法によると、第三者である日本郵政株式会社に相手先に送付した債権放棄通知書の控えが保管されるため、どの時点でいくらの債権放棄をしたかが立証しやすく、しかもコストをあまり要しないというメリットもある。

なお、実行の際には、内容証明郵便の手続を決算期末日（３月決算の場合には、３月31日）までに行わなければならないことにも注意したい。

2 ●法人税基本通達9-6-2関係

　当社が債権を有する相手先が、実質破綻状況になっているため、本来は弁護士等に依頼して法的手続をとるべきところ、コストがかかることから、そのまま放置しているケースがある。

　この場合、法的手続等は行われておらず、また債権放棄もしていない状態ではあるが、その金銭債権が債務者の資産状況、支払能力等からみて、全額回収できないことが明らかな場合には、その明らかになった事業年度において、損金経理により貸倒処理することが認められている。

　原則としては、債務者の状況から判断する旨が示されており、回収不能であることは客観的に認識できる場合に限られることにも注意したい。

3 実務上のトラブルの原因

1 ●法人税基本通達9-6-1（4）関係

　相手先が個人の場合にも、債権放棄を行うケースがあるが、ここでは相手先が債務超過であるかどうかということが問題となる。

　個人の場合には、たとえ事業者の場合であっても、すべての財産・債務を把握することは不可能に近いため、現に過去の裁判例でも、「…一般に法人の会計処理上の貸倒損失計上を認め得る基準は、公正妥当な会計処理の基準に従い、債権者が債権回収のために真摯な努力を払ったにもかかわらず、客観的にみて回収見込みのないことが確実となったことを要し、単なる債務者の所在不明・事業閉鎖・刑の執行等の外的事情のみでは、これを直ちに貸倒れと認めることはできない。」（東京地裁昭和49年9月24日判決）と判断された事例もあるように、現行法上は、相手先が自己破産・死亡したようなケースを除いては、客観的に立証するのは難しいと思われる。

また、相手先が第三者である法人のケースについても、同様に、財務諸表及び関連資料の入手が困難なケースが少なくないことから、債務超過か否かの判断は困難をきわめる。

つまり、これらのケースにおいて、どのように対応すべきかという問題がある。

2 ●法人税基本通達9-6-2関係
【本規定の適用に当たり、債務者の事情だけではなく、債権者の事情も配慮すべきとされた事例（旧日本興銀事件（最高裁平成16年12月24日判決：TAINS Z888-0921））】

1 ●事案の概要

住宅金融専門会社（Ａ社）の設立母体である銀行（旧日本興業銀行）が、Ａ社が破綻したため放棄した同社に対する貸付債権につき、その全額が回収不能となっていたことから、法人税法22条3項にいう「当該事業年度の損失の額」に該当することから、損金の額に算入されるべきものと認識した。

なお、この事件で、Ａ社の設立団体5社（旧日本興業銀行、Ｄ銀行、証券会社3社）は、平成8年3月に、旧日本興業銀行、Ｄ銀行及び一般行の債権放棄額を確認し、旧日本興業銀行とＤ銀行は、Ａ社の営業譲渡の日までに同債権金額を全額放棄することを確認する旨の書面を作成し、Ａ社との間で債権放棄約定書を取り交わし、Ａ社の解散登記等を同年12月まで行わないことを解除条件として、本件債権を放棄する旨の合意を行った。

これにより旧日本興業銀行は、Ａ社に対する貸倒損失として申告したが、課税庁はこれを否認する更正を行い、訴訟段階では、東京地裁では納税者勝訴、東京高裁では国側の逆転勝訴、最高裁で再び納税者勝訴となった事案である。

2　東京高裁の判示

次のように判断して、納税者の主張を斥けた。

① 平成8年3月末日時点において、A社の資産からは少なくともその借入金の総額の約40％相当額に相当する1兆円の回収が見込まれていたことから、本件債権が全額回収不能であったとはいえない。旧日本興業銀行が母体行として社会的、道義的にみて本件債権を行使し難い状況が生じつつあったとしても、本件債権が法的に非母体金融機関の債権に劣後するものとなっていたとはいえない。

② 本件債権には、回収不能部分があったが、解除条件付きで本件債権の放棄がされたものであり、本件のような流動的な事実関係の下では、本件事業年度の損金として確定したとはいえず、また行政機関等のあっせんによる関係当事者間の住専処理に係る協議が成立したのは翌事業年度というべきであるから、本件債権相当額を当期の損金の額に算入することは許されず、他にこの損金算入を認めるべき理由はない。

　ここで注目したいのは、東京高裁の判断では、貸倒れが認められるか否かの判断は、あくまでも債務者の事情から判断すべきであり、債権者が住専設立の母体行か否か、さらにその立場による責任などの事情は考慮されていないということである。

3　最高裁の判示

① 法人の各事業年度の所得金額の計算において、金銭債権の貸倒損失を法人税法22条3項3号にいう「当該事業年度の損失の額」として損金の額に算入するためには、当該金銭債権の全額が回収不能であることを要すると解される。

② そして、その全額が回収不能であることは客観的に明らかでなけれならないが、そのことは、債務者の資産状況、支払能力等の債務者側の事情のみならず、債権回収に必要な労力、債権額と取

立て費用との比較衡量、債権回収を強行することによって生ずる他の債権者とのあつれきなどによる経営的責任等といった債権者側の事情、経済的環境等も踏まえ、社会通念に従って総合的に判断されるべきものである。
③　本事案において、A社の母体行である旧日本興業銀行が非母体金融機関に対して、債権に応じた損失の平等負担を主張することは社会通念上不可能であり、A社の資産等の状況からすると、本件債権の回収不能は客観的に明らかであり、しかもこのことは、「本件債権放棄が解除条件付きでされたこと」によって左右されるものではない。
④　したがって、本建債権相当額は本件事業年度の損失の額として損金の額に算入されるべきであり、本件各処分は違法である。

　この最高裁の判断は、回収不能の貸倒損失の判断について、債権者の事情のみならず債権者側の諸事情や経済環境等を踏まえて判断すべきとしたことと、その判断を社会通念に従って総合的に判断すべきとした点が画期的であり、かつ実情を踏まえた適正なものといえる。

4　トラブルを招かない実務上の留意点・問題点

1 ●法人税基本通達9-6-1（4）関係

　法人が債権放棄を行う背景としては、債権回収が可能であれば回収したいのであるが、現実的に回収が困難であるという実態を考慮して、やむを得ず債権放棄による貸倒処理を行う場合がほとんどであると思われる。
　いずれのケースとも、一般的な経済取引において行われるであろう当然の判断を行っているのであるが、税務上はその処理が貸倒損

失として認められず、寄附金として認定されるのではないかという問題があるということである。

この問題の本質は、寄附金の範囲の定義上の問題であり、本来の寄附の他に経済的な利益の供与を含めるなど、あまりにも広く捕えられていることから生じているものである。

以前から、寄附金課税との関係では関係会社間の債権放棄が利益移転とみなされることが多かったのであるが、その点については法人税基本通達9-4-1等によって合理性のあるものについては貸倒損失として取り扱う旨が示されている。

それに対して、個人や第三者に対して債権放棄をやむを得ず行うケースで利益移転が行われる余地がないものについてまで、寄附金として課税することについては、おおいに疑問が残るところである。

本法における寄附金の定義の見直しはすぐには難しいのであろうから、第三者に対する債権放棄についても、関連会社間の債権放棄のようにせめて基本通達等で合理性のある債権放棄による貸倒損失について認める旨の対応は可能ではないかと考える。

債権放棄については、おおむね次のような取扱いが現実的ではないかと思われる。

① 関係会社間における債権放棄のケース

一般的に債権放棄は関係会社間で行われることが多く、法人税基本通達9-4-1に示した「相当の理由」があると認められるケースを除いては、寄附金等とみなされるということになる。

つまり債権放棄を行うことによる合理性の立証が必要となることから、子会社等の財務内容及び今後の収益予測などの説明資料によって債権放棄の必然性を示す必要がある。

② 第三者間における債権放棄のケース

第三者間における債権放棄は、回収したいのであるが継続する不況により、いくら催促しても回収できない場合や相手の移転先が不

明な場合などにおいて、回収できない債権をそのまま貸借対照表に残しておくのも財務上好ましくないため、やむを得ず債権放棄を行うことがほとんどではないかと思われる。

そういった意味では、債権放棄に至った状況及び明らかに利益移転を意図するものでないことの立証と債権者の意向を示す債権放棄を行った事実を示す書類の保存を条件として、貸倒損失として認められるべきものと考える。

また、法人税基本通達9-6-1において、「その事実の発生した事業年度において貸倒れとして損金の額に算入する。」と規定していることから、損金算入の時期は選択できるものではないことにも注意したい。

2 ●法人税基本通達9-6-2関係

上記3で説明したように、債務者が破産等の法的手続をとっていない場合であっても、客観的にその金銭債権が全額回収不能であることが立証できるケースについては、その回収不能が明らかになった事業年度で損金経理することができるというものである。

なお、回収不能の判断については、一義的には債務者の資産状況等の事情から判断するものの、それに加えて債権者側の事情や経済環境等も含めて総合的に判断することになる。

また、法人税基本通達9-6-1とは条件が異なり、客観的に回収不能という事実に基づいて認められるものであることから、「回収できないことが明らかになった事業年度」に限って、貸倒れとして損金経理することができるという規定になっていることにも注意したい。

10 保証金償却分に係る収益計上時期

問題の所在

○ 保証金の償却部分は、どの時点で収益計上をすべきか。

関係条文等

＜法人税法22条4項《各事業年度の所得の金額の計算》＞
4　第2項に規定する当該事業年度の収益の額及び前項各号に掲げる額は、一般に公正妥当と認められる会計処理の基準に従って計算されるものとする。

＜法人税基本通達2-1-41《保証金等のうち返還しないものの額の帰属の時期》＞
　資産の賃貸借契約等に基づいて保証金、敷金等として受け入れた金額であっても、当該金額のうち期間の経過その他当該賃貸借契約等の終了前における一定の事由の発生により返還しないこととなる部分の金額は、その返還しないこととなった日の属する事業年度の益金の額に算入するのであるから留意する。

1 規定の概要

　法人が自己の所有する資産の賃貸借契約において、賃料の他に保証金や敷金を受け入れる場合に、それらが解約時に全額返金される単なる預り金であるならば、全額を貸借対照表上、負債に計上することになる。

しかしながら、最近の賃貸借契約においては、保証金等について、解約時あるいは一定期間ごとに、一定額を返還しない、すなわち償却することを特約として付しているケースが多くみられる。

この場合、その償却部分については、どの時点で収益計上するかという問題がある。

2 形式基準の内容

賃貸借契約において、上記のような特約が付されている場合には、法人税基本通達2-1-41でも示されているように、貸主にとって契約上形式的には、解約時又は一定期間経過後にその保証金等が返還されないものとして確定するように思われるが、現実には契約当初の段階で確定収入となるのであるから、その確定した日（すなわち契約時）の属する事業年度の益金の額に算入されることになる。

ただし、あくまでも契約段階で返還不要額が明示されていることが条件となる。

3 実務上のトラブルの原因

実際に納税者が、契約上返還不要となっている保証金のうちの敷引*分について、前受家賃として申告したところ、課税庁から課税処分を受けた事例がある。

＊敷引とは、一般的に、敷金のうち一定金額又は一定割合を返還しない旨を特約したものをいう。

【建物賃貸借契約における敷引金の取扱い（平成22年10月18日裁決（棄却）：TAINS J81-3-10）】

1 概　要

不動産貸付業を営む請求人が、建物賃貸借契約に基づき受領した

敷金について原処分庁が、当該敷金のうち敷引とされた金額は返還を要しないこととされているから、契約締結日を含む事業年度の収益の額に算入すべきであるとし更正処分を行ったのに対し、請求人が、当該金員は実質的な前受け家賃であり賃貸借契約期間に応じて収益の額に算入すべきであるとして、更正処分の取消しを求めた事案である（敷引額は、54,641,000円である。）。

2 当事者間の主張
① 納税者の主張
　㋑ 本件建物賃貸借契約において敷引金とされた金員は、実質的な前受け家賃であるから、本契約における賃貸借期間で均等償却した額を毎期収益に計上すべきである。
　㋺ 本件建物賃貸借契約の中途解約に関する定めによれば、貸主の都合により中途解約する場合には、貸主（A社）は借主に敷金を返還することとなっており、契約上この返還すべき敷金から敷引金は除外されていない。したがって、貸主の都合により中途解約した場合には、未経過期間に対応する敷引金の返還義務が生じる。
　㋩ 貸主も借主も、本件敷引金を20年で償却する旨の認識で合意している。

＜参考＞
　本件における建物は、請求人が借主であるA社との建設協力金方式＊（3億7,000万円）により建設したものであり、完成後はA社との20年間の建物賃貸借契約を締結しているものである。その契約の際にA社から受領した敷金（約1億4,000万円）の敷引金が本ケースの焦点である。

＊建設協力金方式…ロードサイドのスーパーマーケット、レストラン、量販店などが、15〜20年契約で行うケースが多い。

第1章 法人税関係の形式基準の問題点とその対応

```
┌─────────┐              ┌─────────┐
│ 借　主  │ ──────────→  │ 貸　主  │
└─────────┘              └─────────┘
```
・建設協力金（無利息）→家賃充当
・敷　金
・家　賃

＜メリット＞

・借地権利金不要　　　　　・無利息融資のため資金不要
・家賃に関する主導権　　　・中途解約時には、協力金残金の
・契約終了後の建物処分不要　　返還免除
・テナント募集不要（安定収入）・（相続時）貸家建付地評価

② 課税庁の主張

　イ　本件敷引特約により、敷引金は貸主が任意で償却できることとされているから、貸主が借主に返還しない額をあらかじめ定めたものと認められる。

　ロ　借主も、本件敷引金を返還されることのない金員であると認識したうえで、建物賃貸借契約を締結している。

　ハ　これらの理由により、敷引金は本件建物賃貸借契約の締結日に返還しないことが確定したものであることから、契約日を含む事業年度の益金の額に算入する。

4　審判所の判断

① 法令解釈

　法人税法22条2項及び4項は、各事業年度の所得金額の計算について、ある収益をどの事業年度に計上すべきかについては、一般に公正妥当と認められる会計処理の基準に従うべき旨規定しており、これによれば収益の額はそれが実現したとき、すなわちその収入すべき権利が確定した時の属する事業年度の益金の額に算入すべきものと解される。

　したがって、資産の賃貸借契約に基づき貸主が収受した敷金の一部について借主に返還しない旨が約定されている場合には、賃貸借

契約締結当初において、その返還しない部分の金員は、貸主においてこれを自己の所有として処分することができる趣旨の金員として授受されたもの、すなわち一種の権利の設定の対価として返還されない確定収入となるのであるから、当該返還しない部分の金員の収益計上時期は、その返還しないことが確定した日の属する事業年度であると解される。

なお、敷引金の返還不要が確定した日の属する事業年度の益金の額に算入するとした法人税基本通達2-1-41は、確認的な取扱いであり、この通達があることによって上記の解釈をするという創設的な取扱いではない。

② 請求人の主張に対して
  (イ) 請求人は、建物賃貸借契約の中途解約に関する定めにおける敷金の取扱いから本件敷引金は控除されておらず、請求人の都合により契約を中途解約した場合には、敷引金の返還義務が生じる旨主張する。

    しかしながら、本件敷引金は、上記のとおり本件建物賃貸借契約書が締結された時点において、返還を要しないことが確定していたものと認められるところ、仮に請求人の主張のとおり、請求人の都合によって契約が中途解約され、敷引金について返還義務が生じたとしても、その返還義務は中途解約を原因として新たに発生する請求人の賃借人に対する債務と認められ、上記の判断に影響を与えるものではない。

  (ロ) 請求人は、本件敷引金は20年で償却するとの認識で貸主と合意しており、1月当たりの償却額（約23万円）は、本件建物賃貸借契約で引き下げられた月額賃料月25万円に相当する金額であるから、本件敷引金は実質的な前受け家賃である旨主張する。

    しかしながら、本件建物賃貸借契約において、貸主との間で

本件敷引金を前受家賃とする合意はなされておらず、前受家賃とする合理的な理由も認めることはできないから、請求人の主張には理由がない。
③　判断
　すなわち本件建物賃貸借契約が締結された時点において、本件敷引金は一種の権利の設定の対価として返還されない貸主の確定収入となり、貸主は本件敷引金を自己の所有として自由に処分することができると認められるから、本件敷引金は、建物賃貸借契約が締結された日の属する事業年度において、その全額を収益として計上すべきものと解するのが相当である。

4　トラブルを招かない実務上の留意点・問題点

1 ●保証金償却分に係る収益計上時期の判断ポイント

　上記の事例における敷引金のケースに代表されるような保証金等の償却額は、会計上の費用収益対応の原則の視点からみると、賃貸借期間において収益計上するという考えもあるのかもしれないが、収益の帰属及び確定という経済的視点からすると、あくまでも返還不要額が客観的に確定した時点、つまり契約時点と考える方が実態に即していると考えざるをえない。

　ただし、賃借人との契約の仕方としては、保証金等についても様々なケースが想定されることから、上記したように返還不要額が客観的に確定した日の属する事業年度に計上すべきであることにも注意したい。

　なお、保証金等の償却部分については、貸主である受取サイドにおける益金計上時期と借主である支払サイドの損金算入時期とが異なることから、支払サイドにおける取扱いを確認すると次のようになる。

2 ●保証金支払サイドにおける処理方法

① 設例

　当社では、当期中に法人オーナーが所有する店舗用ビルの賃貸借契約を締結したが、その契約に際して月額賃料の10か月分に相当する2,000万円の保証金を支払った。

　契約書の内容を見ると、その保証金については、「20％相当分の400万円を、本契約終了時に償却するものとする。」と規定されている。

　なお、賃貸借の契約期間は3年間であり、契約の更新を行う際には、更新料として新賃料の1か月分を支払うことになっている。

　この場合、保証金についての税務上の取扱いはどのようになるか。

② 考え方

　本ケースでは、保証金について将来返還される部分と償却される部分とに区分して、税務上の取扱いを考える必要がある。

　このうち、将来返還される部分については、保証金としての単なる預け金的なものであることから、「無形固定資産」として資産計上することとなる。

　一方、償却される部分については、その支出の効果が翌期以降に及ぶことから、法人税法上の「繰延資産」として取り扱われることとなる。

　なお、本ケースは、法人税法上で規定される「建物を賃借するために支出する権利金等」（法基通8-1-5（1））に該当することから、契約年数である3年で償却計算を行う必要がある（償却年数は、原則5年であるが、契約時に更新料支払の条項があることから、契約期間での償却が可能となる。）。

　また、その繰延資産に相当する部分についての仕入税額控除であるが、契約の時点で「資産の譲渡等」が行われるものであることから、20％相当額である400万円部分が仕入税額控除の対象となる。

＜経理処理＞
　　（預け保証金）　1,600万円…税コード無　／（現金預金）　2,000万円
　　（償却保証金）　　400万円…税コード有

③ **取扱い**

　2,000万円の保証金のうち、償却される20％相当分の400万円について、法人税法上は繰延資産として3年間で償却計算するとともに、消費税法上は契約時に仕入税額控除を行うことができる。

11 逆養老保険

問題の所在

○ いわゆる逆養老保険の契約は税務上問題はないのか、また契約によるデメリットはないのか。

関係条文等

＜法人税基本通達9-3-4《養老保険に係る保険料》＞

　法人が、自己を契約者とし、役員又は使用人（これらの者の親族を含む。）を被保険者とする養老保険（被保険者の死亡又は生存を保険事故とする生命保険をいい、傷害特約等の特約が付されているものを含むが、9-3-6に定める定期付養老保険を含まない。以下9-3-7までにおいて同じ。）に加入してその保険料（令第135条《確定給付企業年金等の掛金等の損金算入》の規定の適用があるものを除く。以下9-3-4において同じ。）を支払った場合には、その支払った保険料の額（傷害特約等の特約に係る保険料の額を除く。）については、次に掲げる場合の区分に応じ、それぞれ次により取り扱うものとする。

（１）死亡保険金（被保険者が死亡した場合に支払われる保険金をいう。以下9-3-5までにおいて同じ。）及び生存保険金（被保険者が保険期間の満了の日その他一定の時期に生存している場合に支払われる保険金をいう。以下9-3-4において同じ。）の受取人が当該法人である場合　その支払った保険料の額は、保険事故の発生又は保険契約の解除若しくは失効により当該保険契約が終了する時までは資産に計上するものとする。

（２）死亡保険金及び生存保険金の受取人が被保険者又はその遺族

である場合　その支払った保険料の額は、当該役員又は使用人に対する給与とする。
（3）死亡保険料の受取人が被保険者の遺族で、生存保険料の受取人が当該法人である場合　その支払った保険料の額のうち、その2分の1に相当する金額は（1）により資産に計上し、残額は期間の経過に応じて損金の額に算入する。ただし、役員又は部課長その他特定の使用人（これらの者の親族を含む。）のみを被保険者としている場合には、当該残額は、当該役員又は使用人に対する給与とする。

＜法人税基本通達9-3-5《定期保険に係る保険料》＞

　法人が、自己を契約者とし、役員又は使用人（これらの者の親族を含む。）を被保険者とする定期保険（一定期間内における被保険者の死亡を保険事故とする生命保険をいい、傷害特約等の特約が付されているものを含む。以下9-3-7までにおいて同じ。）に加入してその保険料を支払った場合には、その支払った保険料の額（傷害特約等の特約に係る保険料の額を除く。）については、次に掲げる場合の区分に応じ、それぞれ次により取り扱うものとする。
（1）死亡保険金の受取人が当該法人である場合　その支払った保険料の額は、期間の経過に応じて損金の額に算入する。
（2）死亡保険金の受取人が被保険者の遺族である場合　その支払った保険料の額は、期間の経過に応じて損金の額に算入する。ただし、役員又は部課長その他特定の使用人（これらの者の親族を含む。）のみを被保険者としている場合には、当該保険料の額は、当該役員又は使用人に対する給与とする。

1 規定の概要

　法人が、オーナー社長など主要人物の死亡による損失をカバーするため、又は役員や従業員の退職金に充当するための資金を生命保険契約によって準備するために、役員や従業員を被保険者として保険契約を締結することが見受けられる。

　この場合、契約する主な保険としては定期保険と養老保険とがあり、それらの特徴及び取扱いは、それぞれ以下のとおりである（この他、逓増定期保険や長期平準定期保険、傷害保険などもあるが、それぞれの取扱いは基本通達において個々に定められている。）。

2 形式基準の内容

　上述のように、法人が契約する主な保険は定期保険と養老保険であり、それぞれにおける取扱いは基本通達において、次のように定められている。

1 ●定期保険（法基通9-3-5）

　定期保険は、一定の期間に被保険者が死亡した場合にのみ保険金が支払われる死亡保険金である。

　つまり満期保険金がなく、死亡保険金に当てられる危険保険料と保険会社の事業経費に当てられる付加保険料からなっており、貯蓄性がなく、いわゆる掛捨てによって支払われる。

　なお、定期保険の保険料は期間の経過に応じて損金の額に算入されるが、受取人が誰かによって次のように取り扱われる。

> ①　受取人が法人のケース
> 　…支払保険料として損金の額に算入される。

> ② 受取人が被保険者の遺族のケース
> 　…一種の福利厚生費として損金の額に算入される。
> 　　ただし、その被保険者が役員又は部課長その他特定の使用人（これらの者の親族を含む。）のみである場合には、その役員又は使用人に対する給与として取り扱われる。

　また、定期保険であっても長期平準定期保険や逓増定期保険に該当する場合には、その取扱いに従うことになる。

2 ●養老保険（法基通9-3-4）

　養老保険は、被保険者が死亡した場合には死亡保険金が支払われ、保険期間の満了時に被保険者が生存していた場合にも満期保険金が支払われるものであり、「生死混合保険」ともいわれる。

　その保険料は、死亡保険金に当てられる危険保険料と満期保険金に当てられる積立保険料及び保険会社の事業経費に当てられる付加保険料からなり、積立保険料部分は貯蓄性があるものと考えられる。

　養老保険は、死亡に対する保障と貯蓄という二面性があるため、その受取人が誰であるかによって、次のように取り扱われる。

> ① 満期保険金・死亡保険金とも受取人が法人のケース
> 　…その貯蓄性に着目し、保険事故の発生や保険契約の解約など契約が終了するまでは、資産計上（保険積立金）する。
> ② 満期保険金・死亡保険金ともに受取人が被保険者又はその遺族のケース
> 　…いずれの場合も被保険者又はその遺族に帰属するため、被保険者たる役員又は使用人に対する給与とする。
> ③ 死亡保険金の受取人が被保険者の遺族で、満期保険金の受取人が法人のケース

…このケースでは、支払保険料を満期保険金の財源に充てられる積立保険料と死亡保障の性格を有する危険保険料とに区分して取り扱う必要があるが、通常契約者サイドでこの区分を行うのは困難である。そこで税務上は支払保険料の１／２を積立金部分とみて資産（保険積立金）に計上し、残額を危険保険料とみなして損金の額（福利厚生費）に算入することとしている。ただし、養老保険が役員又は部課長その他特定の使用人（これらの者の親族を含む。）のみを被保険者としている場合には、危険保険料部分はその役員又は使用人に対する給与とされる。
⇒原則として、役員・従業員全員加入が必要である。

＜参考＞養老保険の具体的プラン（東京海上日動あんしん生命HPより）
　　　⇒上記③のケース
○契約年齢：40歳　男性
○保険金額：1,000万円（死亡保険金、満期保険金とも同じ）
○保険期間：60歳（20年）
○保険料払込期間：60歳まで
○月額保険料：41,770円

(単位：万円)

経過年数	払込保険料累計	損金算入額累計	資産計上額累計	解約返戻金（満期保険金）
5年(45歳)	251	125	125	209
10年(50歳)	501	251	251	455
15年(55歳)	752	376	376	713
20年(60歳)	1,002	501	501	1,000

＊死亡保険発生時は、法人の資産計上額は雑損失として、損金の額に算入される。満期時又は解約時は、受取額と資産計上額との差額が雑収入又は雑損失として計上される。

3 実務上のトラブルの原因

　法人契約の保険については、過去にも本来の目的とは異なる課税所得の圧縮、繰延べを目的とする節税商品が考え出されてきたが、それに対してその都度、課税庁から規制が加えられることが繰り返されてきた（長期平準定期保険や逓増定期保険、終身保険タイプのがん保険がその代表例である。）。

　本項で解説する「逆養老保険」も、その1つとして最近注目されているものである。

●逆養老保険とは

　上述のように、法人が役員・従業員を対象として加入する貯蓄性の養老保険についての基本的な取扱いは、上記基本通達で定められているとおりであるが、逆養老保険とは、通達で想定している上記③のケースにおける受取人を逆に設定する（つまり、死亡保険金受取人を法人、満期保険金受取人を役員・従業員）ことにより、通達の規制を回避しようとする、いわば法の目をくぐりぬけようとする極めてグレーな節税商品である。

　すなわち、通達の取扱いを逆手にとり、死亡事故に対応する危険保険料相当額の2分の1は、保険料として損金の額に算入するとともに、積立金部分については、支払う都度、役員・従業員に対する給与として損金の額に算入できるのではないかという解釈のようである。

　現時点で、この取扱いが税務上適正なものと認められているものではない。

　おそらく保険会社においても、そのリスクについては十分認識しており、あまり積極的には進めていないようだが、一部では深く潜行しているというのが実情だと思われる。

実は、この逆養老保険に関連する訴訟があり、最高裁で納税者が逆転敗訴している（逆養老保険自体の適法性を直接問題点にしたものではない。）。

その概要は、次のとおりである（最高裁平成24年1月13日判決：TAINS Z888-1625）。

＜事件の概要＞

原告らの経営する法人が契約者となり、逆養老保険により満期保険金を受領した原告らが、法人が負担した分を含む保険料全額を、所得税の一時所得の計算上、「収入を得るために支出した金額」（所法34の2）に当たるものとして確定申告したところ、税務署長から法人が負担した分は「収入を得るために支出した金額」に該当しないとして更正処分を受けた事例。

＜参考＞所基通32-4（平成23年改正前）

　　「…所得税法政令に規定する保険料又は掛金の総額には、その一時所得又は満期返戻金等の支払を受ける者以外の者が負担した保険料又は掛金の額も含まれる。」

この法令・通達の解釈について、福岡地裁及び福岡高裁では納税者が勝訴したが、最高裁において、その事態及び対応関係を重視した結果、納税者の逆転敗訴という判断がなされている。

その後、平成23年6月に上記通達は改正され、最高裁判決でも趣旨・表現が分かりにくいと指摘を受けたことから、一時金の支払を受ける者が自ら支出した保険料のみ控除できることを明確化している。

4 トラブルを招かない実務上の留意点・問題点

上記判決により、いわゆる逆養老保険が税務上で認められた（上記で説明した2分の1が保険料で、残額が給与という取扱い）ので

はないかという意見もあるが、そう考えるのは早計だと思われる。
　少なくとも、現時点で税務上における逆養老保険における保険料の取扱いは示されていないのが事実であり、また上記判決は満期保険金を取得した際の所得税の取扱いに対する判断であり、法人税における取扱い及び問題点に関しては、ほとんど触れていないということである。
　また、この養老保険の活用方法を客観的にみた場合、逆養老保険が法人にとって効果的なものといえるのか、という疑問もある。
　例えば、支払時に損金の額に算入され、満期時に支払額のほとんどが収益計上される保険契約であれば、課税時期の繰延べという効果があるのだが、逆養老保険の場合は、死亡事故が発生しない限りは、最終的に満期保険金が被保険者である従業員に帰属することから、法人サイドにとっては特に見返りもなく、単に保険料を支払うだけということになる。
　仮に、その満期保険金を退職金に相当するものと割り切るのであれば、退職金充当分の保険料の早期計上という考え方もできるが、保険料という毎月のコンスタントな支出を伴うものであることから、よほど資金面での余裕がない限りは、むしろ負担になるのではないかと考える。
　さらに、被保険者となる従業員サイドとしては、保険料相当額が給与課税の対象となることから、社会保険料や源泉所得税の負担が増加することにより、給与の手取額が減少するため、その点も十分に考慮して検討する必要がある点にも注意したい。

12 借地権税制

問題の所在

① バブル崩壊後の現在においても、現行の借地権課税制度は維持すべき、といえるのか。

② 定期借地権制度が定着している状況であっても、現行法上の認定課税制度は必要なのか。

関係条文等

＜法人税法22条2項《各事業年度の所得の金額の計算》＞

2　内国法人の各事業年度の所得の金額の計算上当該事業年度の益金の額に算入すべき金額は、別段の定めがあるものを除き、資産の販売、有償又は無償による資産の譲渡又は役務の提供、無償による資産の譲受けその他の取引で資本等取引以外のものに係る当該事業年度の収益の額とする。

＜法人税法施行令137条《土地の使用に伴う対価についての所得の計算》＞

　借地権（地上権又は土地の賃借権をいう。以下この条において同じ。）若しくは地役権の設定により土地を使用させ、又は借地権の転貸その他他人に借地権に係る土地を使用させる行為をした内国法人については、その使用の対価として通常権利金その他の一時金（以下この条において「権利金」という。）を収受する取引上の慣行がある場合においても、当該権利金の収受に代え、当該土地（借地権にあっては、借地権。以下この条において同じ。）の価額（通常収

受すべき権利金に満たない金額を権利金として収受している場合には、当該土地の価額からその収受した金額を控除した金額)に照らし当該使用の対価として相当の地代を収受しているときは、当該土地の使用に係る取引は正常な取引条件でされたものとして、その内国法人の各事業年度の所得の金額を計算するものとする。

＜法人税基本通達13-1-2《使用の対価としての相当の地代》＞

　法人が借地権の設定等(借地権又は地役権の設定により土地を使用させ、又は借地権の転貸その他他人に借地権に係る土地を使用させる行為をいう。以下この章において同じ。)により他人に土地を使用させた場合において、これにより収受する地代の額が当該土地の更地価額(借地権を収受しているとき又は特別な経済的利益があるときは、これらの金額を控除した金額)に対しておおむね年8％程度のものであるときは、その地代は令第137条《土地の使用に伴う対価についての所得の計算》に規定する相当の地代に該当するものとする。

(注)「土地の更地価額」は、その借地権の設定等の時における当該土地の更地としての通常の取引価額をいうのであるが、この取扱いの適用上は、課税上弊害がない限り、当該土地につきその近傍類地の公示価格等から合理的に算定した価額又は財産評価基本通達第2章《土地及び土地の上に存する権利》の例により計算した価額によることができるものとする。(略)

＜平成元年3月30日直法2-2《法人税の借地権課税における相当の地代の取扱いについて》＞

　標題のことについては、当分の間、下記によることとしたから、今後処理するものからこれによられたい。
(趣旨)
　最近における地価の異常な高騰にかんがみ、借地権課税における相当の地代について、その実情に即した取扱いを定めるものである。

記

　法人税基本通達13-1-2（（使用の対価としての相当の地代））に定める「年8％」は「年6％」と、「昭和39年4月25日付直資56・直審（資）17『財産評価基本通達』第2章《土地及び土地の上に存する権利》の例により計算した価額」は「昭和39年4月25日付直資56・直審（資）17『財産評価基本通達』第2章《土地及び土地の上に存する権利》の例により計算した価額若しくは当該価額の過去3年間における平均額」とする。（平成3年課法2-4により改正）

（注）「過去3年間」とは、借地権を設定し、又は地代を改訂する年以前3年間をいう。

<法人税基本通達13-1-3《相当の地代に満たない地代を収受している場合の権利金の認定》>

　法人が借地権の設定等により他人に土地を使用させた場合において、これにより収受する地代の額が13-1-2に定める相当の地代に満たないときは、13-1-7の取扱いによる場合を除き、次の算式により計算した金額から実際に収受している権利金の額及び特別の経済的な利益の額を控除した金額を借地人等に対して贈与（当該借地人等が当該法人の役員又は使用人である場合には、給与の支給とする。）したものとする。

（算　式）

$$土地の更地価額 \times \left(1 - \frac{実際に収受している地代の年額}{13\text{-}1\text{-}2にに定める相当の地代の年額}\right)$$

<法人税基本通達13-1-7《権利金の認定見合わせ》>

　法人が借地権の設定等により他人に土地を使用させた場合（権利金を収受した場合又は特別な経済的な利益を受けた場合を除く。）において、これにより収受する地代の額が13-1-2に定める相当の地代の額に満たないときであっても、その借地権の設定等に係る契約書において将来借地人等がその土地を無償で返還するすること

が定められており、かつ、その旨を借地人等との連名の書面により遅滞なく当該法人の納税地の所轄税務署長に届出たときは、13-1-3にかかわらず、当該借地権の設定等をした日の属する事業年度以後の各事業年度において、13-1-2に準じて計算した相当の地代の額から実際に収受している地代の額を控除した金額に相当する金額を借地人に対して贈与したものとして取り扱うものとする。

　使用貸借契約により他人に土地を使用させた場合についても、同様とする。

（注）1　本文の取扱いを適用する場合における相当の地代は、おおむね3年以下の期間ごとにその見直しを行うものとする。
　　　（略）

<法人税基本通達13-1-8《相当の地代の改訂》>

　法人が借地権の設定等により他人に土地を使用させた場合（13-1-5又は13-1-7の取扱いの適用がある場合を除く。）において、これにより13-1-2に定める相当の地代を収受することとしたときは、その借地権の設定等に係る契約書においてその後当該土地を使用させている期間内に収受する地代の額の改定方法につき次の(1)又は(2)のいずれかによることを定めるとともに、その旨を借地人等との連名の書面により遅滞なく当該法人の納税地の所轄税務署長に届け出るものとする。この場合において、その届出がないときは、(2)の方法を選択したものとする。

(1) その借地権の設定等に係る土地の価額の上昇に応じて順次その収受する地代の額を相当の地代の額（上昇した後の当該土地の価額を基礎として13-1-2に定めるところに準じて計算した金額をいう。）に改訂する方法

(2) (1) 以外の方法

（注）13-1-7の（注）は、法人が(1)の方法を選択した場合について準用する。

1 規定の概要

現在、国内の借地権の収受慣行のある地域において、法人が第三者と借地契約を締結する場合には、借主から地主に対して権利金が支払われるのが一般的である。

しかし、特に同族関係者間で借地契約を締結する場合には、権利金の額が多額になってしまうことから、権利金の収受なしで契約するケースがある。

この場合、本来借地人が地主に支払うべき権利金を支払わないことから、権利金相当額が地主から借地人に寄附されたものとして、法人地主のケースには寄附金課税、法人借地人のケースには受贈益課税すべきであるというのが、借地権の認定課税の考え方である。

2 形式基準の内容

1 ●認定課税が行われない形式基準

1で説明した認定課税の基本的な取扱いを厳密に適用すると、権利金を支払うか、認定課税を受けるかのいずれかでなければ、借地契約が締結できないことになり、あまりにも現実にそぐわないことから、次のいずれかに該当する場合には、権利金の認定課税は行わないことにしている。

① 相当の地代を支払う方法（注1）
 ・相当の地代を、一定の期間ごとに改訂する方法
 ・相当の地代を据え置く方法
② 相当の地代に満たない地代を支払い、土地の無償返還に関する届出書を提出する方法（注2）
③ 使用貸借による方法（土地の無償返還に関する届出書を提出す

る)

　つまり、借地契約において権利金を支払わないケースで、これらに該当しない場合には権利金の認定課税が行われることになる。
(注1) 相当の地代とは

　　土地自体が、基本的に利用権としての上地権(借地権)と地代を収受する底地権からなるものと考え、権利金の収受に代えて、それに見合った地代を収受するすることにより、正当な取引とみなすものである。

　　したがって、「相当の地代」は次の算式により計算される。

$$\boxed{\begin{array}{l}\text{土地の}\\ \text{更地価額}\end{array}\left(\begin{array}{l}\text{権利金を収受している時又は特別な経済的}\\ \text{利益がある時は、これらを控除した金額}\end{array}\right)} \times \text{年6％}$$

　　なお、土地の更地価額は原則として、借地権を設定した時のその土地の通常の取引価額であるが、課税上弊害がない場合には、次のものも認められる。

① 近傍類地(近隣の都市計画区分の同じ区分のもの)の公示価格から合理的に算定した金額

② 近傍類地の国土利用法の基準値の標準価格から合理的に算定した金額

③ 財産評価基本通達による相続税評価額又は相続税評価額の過去3年間における平均額

　　一般的には、借地人の負担を軽減するために、①～③のうち最も少ない金額が使われる。

(注2) 土地の無償返還に関する届出書とは

　　特に同族会社が自社の役員と土地の賃貸借契約を締結する場合には、両者の利害関係は一致していることから、契約締結時に権利金の収受をせず、しかも相当の地代に満たない地代での賃貸借契約を締結することが多くみられる。

　　この場合、地主と借地人とは同族関係という特殊関係にあることから、土地に関する権利関係も第三者と比較して希薄であるため、直ちに認定課税を行うのは実態にそぐわないといえる。

> そこで、賃貸借契約に関して権利金も支払わない代わりに、変換時に立退料も請求しないことを両者が合意している旨を示す届出書を所轄税務署長に提出することにより、権利金の認定課税は行わず、相当の地代と実際の地代との差額を毎年認定することとしているものである。

2 ●地主と借地人の税務上の権利関係

借地権課税については、契約の方法によって将来の課税関係が大きく異なり、特に設定時が重要なポイントとなるため注意する必要がある。

実際に借地契約が締結されるのは、オーナー社長が土地を所有する場合に、将来の相続対策のために法人（同族会社）を借地人として行われていたケースが最も多くみられる。

そこで、借地契約の違いによる両者に与える影響について整理すると、おおむね次の表のようになる（個人＝地主、法人＝借地人のケースを前提とする。）。

なお、①以外のケースでは権利金の収受がないものとする。

区　分	法人借地人の取扱い	個人地主の取扱い
① 権利金の収受があったケース	支払った権利金が固定資産となり、その後通常の地代を支払うことになる（ただし、最初に支払う権利金が多額となることが多いため、現実にはほとんどみられない。）。	【所得税】 　毎年収受する地代については、低く抑えられるが、最初に収受する権利金について多額の所得税が課される。 【相続税】 　常に底地で評価される。

② 相当の地代を支払うケース（地代の上昇に応じて改訂する場合）	借地権の価額はゼロになる（ただし、自社株の計算上純資産価額に自用地価額×20％が加算される。）。	【所得税】 　地価が上昇した場合、相当の地代の増加によって、所得税の負担増の問題が生じる。 【相続税】 　自用地価額×80％で評価される。
③ 相当の地代を支払うケース（当初の相当の地代を据え置きにする場合）	当初の相当の地代が維持される。 　また、地価が上昇した自然発生借地権（注）が法人に帰属する。	【所得税】 　当初の相当の地代が維持されるため、個人の所得税負担は増加しない。 【相続税】 　自用地価額－自然発生借地権で評価される。 　地価が上昇しても、借地権が法人に移行するため、個人としての評価額は抑えられる。
④ 無償返還の届出書を提出する場合	借地権の価額はゼロとする（ただし、自社株の計算上、純資産価額に自用地評価額×20％が加算される。）。	【所得税】 　地価が上昇しても、地主の所得税の負担は、ある程度抑えられる。 【相続税】 　底地は、自用地価額×80％で評価される。
⑤ 使用貸借の場合（無償返還の届出書を提出）	借地権の価額はゼロとなる（支払う金額は固定資産税等以下であることから、法人の負担は最も少なくなる。）。	【所得税】 　所得税負担は、原則として生じない。 【相続税】 　底地は、土地の更地価額となる。

(注)　自然発生借地権
　地価が上昇した場合に、相当の地代を据え置いていることから、その上昇分に対応する部分は、計算上自然に借地人に帰属することになる部分をいい、次の算式によって計算する。

$$土地の更地価額 \times 借地権割合 \times \left(1 - \frac{実際の地代 - 通常の地代^{*}}{相当の地代 - 通常の地代^{*}}\right)$$

　＊通常の地代＝底地価額の年６％とする。

3 実務上のトラブルの原因～届出書の事後提出のケース

　現行の法人税法における借地権課税制度は、今後の路線価の状況など将来の不確定な要素により有利・不利の問題が生じることや、実務上、届出書の事後提出が認められていることなどの事情から、本来提出すべき提出書等を提出せずに、いわば課税上、問題がある状態で借地契約をしている事例が少なからず見受けられる。
　具体的には、次のようなケースがある。

1 ●設例

　当社は、社長個人の所有する土地（500㎡）の上に昭和63年に会社所有の建物を建築し、本社として営業しているが、借地契約の際には権利金の収受はなく、地代として毎月30万円（先代からは、当時の世間相場と聞いているが、明確な根拠は不明である。なお先代は数年前に引退している。）を支払い続けている。
　なお、借地契約の際に税務署長に対して、なんら届出書は提出しておらず、先代社長個人との契約書も交わしていない。過去に何度か税務調査を受けているが、その際も特に問題点とはならなかった。
　路線価の下落が続いている昨今において、どのように対応すべきか。
　また、法人の売上の減少により、地代の負担が厳しくなっているため、可能であれば地代を減額したいと考えている。

2 ●検討
① 借地権設定時のフローチャート（個人地主・法人借地人のケース）
　地主が個人・借地人が法人のケースで、借地契約を締結する場合、前述したように契約の仕方によって税務上の取扱いが異なるが、それぞれの設定時における取扱いをフローチャートで示すと次のよう

になる。

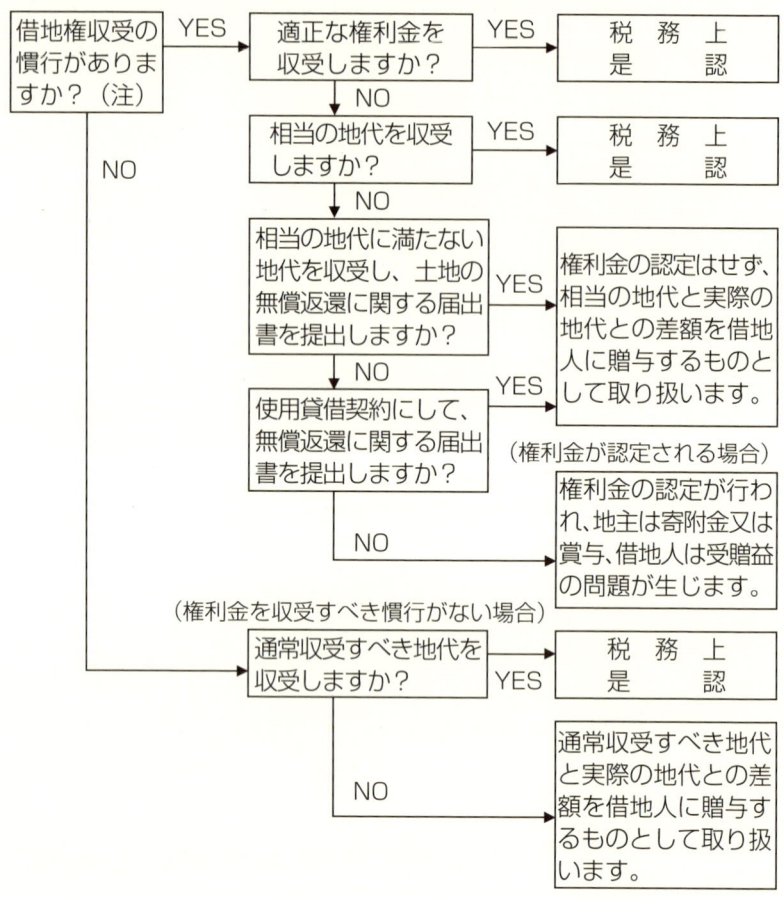

```
借地権収受の          YES   適正な権利金を     YES    税 務 上
慣行があります ────→  収受しますか？  ────→   是   認
か？（注）                    │NO
    │                         ↓
    │NO                 相当の地代を収受  YES    税 務 上
    │                   しますか？    ────→   是   認
    │                         │NO
    │                         ↓
    │                   相当の地代に満たない
    │                   地代を収受し、土地の        権利金の認定はせず、
    │                   無償返還に関する届出  YES  相当の地代と実際の
    │                   書を提出しますか？  ────→ 地代との差額を借地
    │                         │NO              人に贈与するものと
    │                         ↓                して取り扱います。
    │                   使用貸借契約にして、
    │                   無償返還に関する届  YES   （権利金が認定される場合）
    │                   書を提出しますか？  ────→
    │                         │                 権利金の認定が行わ
    │                         │NO              れ、地主は寄附金又は
    │                         └──────────────→ 賞与、借地人は受贈益
    │                                            の問題が生じます。
    │    （権利金を収受すべき慣行がない場合）
    ↓
  通常収受すべき地代を              税 務 上
  収受しますか？     YES ────→    是   認
         │NO
         ↓                          通常収受すべき地代
                                    と実際の地代との差
                                    額を借地人に贈与す
                                    るものとして取り扱
                                    います。
```

（注）　借地権収受の慣行があるか否かについては、便宜上、各税務署にある（又は国税庁のホームページにある）路線価図表等において、借地権割合が定められているか否かによって判断することになる。

②　設例における取扱い

　本ケースにおいては、契約当初からの地代（月額30万円）が上記のいずれに該当するかを判断しなければならないが、権利金の収受がないにもかかわらず、いずれの届出書も提出していないため、

現状では認定課税が行われる危険性もある。

そこで事後対応にはなるが、相続等の問題が発生する前に何らかの対応が必要となる。

本ケースの状況から考えられるのは、㋑「土地の無償返還に関する届出書を提出する」か、㋺「契約当初の地代が相当の地代以上である場合には、届出なしで相当の地代を改訂しない方法を選択しているものとする」かのいずれかになると思われる。

いずれの方法を選択するかは、相続等が発生した場合の土地の評価及び自社株の評価に影響することから、前述した「地主と借地人の税務上の権利関係」を参考に判断することになる。

具体的には、第一に契約時（昭和64年）と現在の路線価及び支払っている地代（月額30万円）を基に、現時点で自然発生借地権がどの程度発生しているかを計算する。

そのうえで、上記㋑か㋺の選択を行うことになるが、一旦選択したら訂正はできないことから、その判断は慎重に行う必要がある。

なお、仮に現時点で自然発生借地権が発生しているケースで㋺を選択するケースであっても、今後の路線価の状況を考えた場合には、将来的に自然発生借地権部分の減少が予想される場合には、自然発生借地権と底地とを等価交換し、交換後の土地について新たな借地契約を結ぶ方法もある。

ただし、この場合には、取得者に対して不動産取得税及び登録免許税の負担が生じることも含めて判断しなければならない点にも注意する必要がある。

なお、この場合、交換後の土地についての借地契約は、新たな契約になることから、今まで選択していた方法にかかわらず、例えば「土地の無償返還に関する届出書」を提出したり、使用貸借契約を締結することも可能である。

<図解>

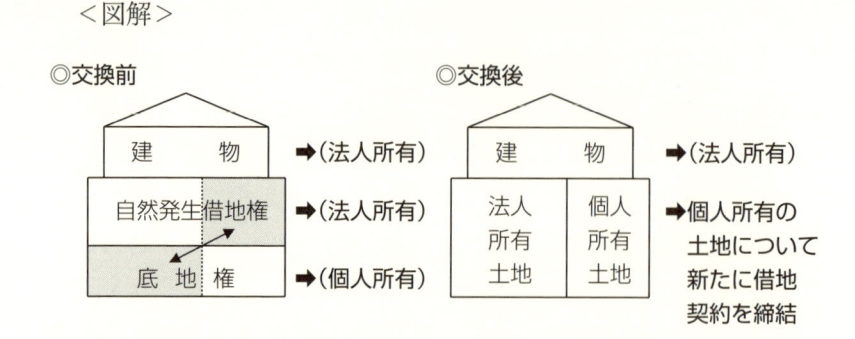

◎交換前

建物 →（法人所有）
自然発生借地権 →（法人所有）
底地権 →（個人所有）

◎交換後

建物 →（法人所有）
法人所有土地／個人所有土地 →個人所有の土地について新たに借地契約を締結

4 トラブルを招かない実務上の留意点・問題点

　現行の借地権課税制度においては、借地契約において適正な権利金の支払がない場合には、相当の地代を支払ったり、土地の無償返還に関する届出書を提出するなど一定の要件を満たす場合を除いては認定課税が行われることが大原則となっている。

　しかしながら、実際に認定課税を行うと多額の税負担が生じることや借地契約が同族関係者間の契約が多いという状況を考慮し、土地の無償返還に関する届出書等の事後提出が認められているのが実情である。

　また、次のような理由から、従来からの借地権制度については、現代の借地契約にあった形に修正すべきものと考える。

1 ●定期借地権制度の普及

　新借地借家法が施行された平成4年以降は、第三者間で借地契約を締結する場合には、定期借地権制度に基づき、一般定期借地権、建物譲渡特約付借地権、事業用借地権のいずれかによって行うのが一般的になっており、その大きな特徴としては、いずれも更新を前提としないことを定めることができるものである。

また定期借地権契約によって、借地人・地主に相続等が発生した場合の借地権及び底地の評価については、財産評価基本通達において、おおむね次のように規定されている。

① **定期借地権の評価**
 イ 原則…課税時期において借地人に帰属する経済的利益（適正地代と支払地代との乖離）とその存続期間を基として評定した価額。
 ロ 簡便法…課税上弊害がない場合は、次の算式によって評価する。

$$\boxed{\text{定期借地権の評価}} = \text{課税時期における自用地価額} \times \text{借地権設定時における定期借地権割合}^{(注1)} \times \text{定期借地権等の逓減率}^{(注2)}$$

（注1）「借地権設定時における定期借地権割合」は、次の算式により計算する。

$$\boxed{\text{定期借地権割合}} = \frac{\text{定期借地権設定時の定期借地権の価額}^{※}}{\text{定期借地権設定時の土地の時価}} = \frac{\text{定期借地権設定時に借地人に帰属する経済的利益の総額}}{\text{定期借地権設定時におけるその宅地の通常の取引価額}}$$

 ※・権利金の授受がある場合…権利金の額
  ・保証金の授受がある場合…保証金の授受に伴う経済的利益の額

（注2）「定期借地権等の逓減率」は、次の算式により計算する。

$$\boxed{\text{逓減率}} = \frac{\text{課税時期におけるその定期借地権の残存期間年数に応ずる基準年利率}^{※}\text{の複利年金現価率}}{\text{定期借地権の設定期間年数に応ずる基準年利率}^{※}\text{の複利年金現価率}}$$

 ※基準年利率は、期間に応じて短期（1～2年）、中期（3～6年）、長期（7年以上）とに区分されており、それぞれの課税期間に属する率によって計算する（法令解釈通達として、国税庁から発表される。）。

② **定期借地権の目的となっている宅地（底地）の評価**
 イ 自用地評価額－定期借地権の評価額 ｜いずれか
 ロ 自用地評価額×（1－逓減割合(注)）｜少ない金額 ＝ 底地評価額

（注） 逓減率は次のとおりとなる。

残存期間	逓減率
残存期間が5年以下のもの	100分の 5
残存期間が5年超10年以下のもの	100分の10
残存期間が10年超15年以下のもの	100分の15
残存期間が15年超のもの	100分の20

③ 一般定期借地権の特例評価

平成11年9月以後に一般定期借地権について相続、遺贈又は贈与があった場合の評価額は、課税上の弊害がない限り、次のようになる（平成11年7月26日課評2-14）。

㋑ 一般定期借地権の評価

$$一般定期借地権の評価額 = 課税時期における自用地評価額 \times (1-底地割合) \times \frac{課税時期におけるその一般定期借地権の残存期間年数に応ずる基準年利率の複利年金現価率}{一般定期借地権の設定年数に応ずる基準年利率の複利年金現価率}$$

（注） 底地割合は、次に掲げる各国税局長が定めた路線価図あるいは評価倍率表による借地割合の区分に応じて、それぞれの割合となる。

借地権割合		底地割合
（路線価図）	（評価倍率表）	
C	70%	55%
D	60%	60%
E	50%	65%
F	40%	70%
G	30%	75%

㋺　一般定期借地権の目的となっている宅地の評価

　　　底地評価額 ＝ 自用地評価額 － 一般定期借地権の評価額

　㈑　保証金の資産評価額・債務控除額

　　保証金の資産評価額と債務控除額は、原則として次により計算する。

$$\begin{bmatrix} 保証金等の額に \\ 相当する金額 \end{bmatrix} × \begin{matrix} 課税時期における定期借地権の残存期間 \\ 年数に応ずる基準年利率の複利現価率 \end{matrix}$$

$$+ \begin{bmatrix} 保証金等の額に \\ 相当する金額 \end{bmatrix} × \begin{matrix} 約定 \\ 利率 \end{matrix} × \begin{matrix} 課税時期における定期借地権の残存期 \\ 間年数に応ずる基準年利率の複利現価率 \end{matrix}$$

　つまり、第三者間において借地契約を行う場合、借地権割合相当額の権利金を支払うケースはほとんどなく、それを原則とした現行の規定はそのままで問題ないのかということである。

2 ●現行制度上の問題点

　現行の借地権税制は、平成55年の通達改正がベースとなっているが、時間の変遷とともにいくつかの問題点が生じている。その中の代表的なものを示すと次のものがある。

①　相当の地代の年６％の水準

　権利金の支払に代えて、それに見合う地代の水準として設けられたものであるが、その土地の運用利回りという考え方に基づき当時の市中金利、特に国債利回りを参考として、平成55年改正時は年８％、平成元年改正時は年６％となり、それが現在まで続いているのが現状である。

　この割合は、低金利時代となっている現在（平成27年１月現在：30年、国債利回り1.3％）では、異常に高い率になっており、借地人にとって大きな負担となっている。

②　自然発生借地権の考え方

　上記のように権利金の支払に代えて、相当の地代方式を支払い、

当初の地代を据え置く方法を選択した場合には、その後の路線価上昇分に対応する土地の評価増部分は借地人に帰属することとなる。

おそらくこの考え方は、バブル期における借地人の地代負担及び地主の相続税負担を考慮したものと想定されるが、これはあくまでも技術的かつ机上のものであり、現実に自然発生借地権が生ずることはありえないのである。

さらに、バブル崩壊等によって路線価が下落することにより、その逆の現象も生じており、その後の対応に負われているケースもみられる。

第2章

消費税関係の形式基準の問題点とその対応

01 消費税の課否判定

問題の所在

① 消費税可否の課税要件を判断する「事業者が事業として対価を得て行う資産の譲渡等」という基準は、納税者にとって明確なものか。

② 消費税先進国である欧米のVAT（Value Added Tax「付加価値税」）の課税要件等と我が国の消費税の課税要件との相違点は、どこにあるのか。

関係条文等

＜消費税法4条1、2項《課税の対象》(注)＞

国内において事業者が行った資産の譲渡等には、この法律により、消費税を課する。

2　保税地域から引き取られる外国貨物には、この法律により、消費税を課する。

＜消費税法2条1項8号《定義》(注)＞

八　資産の譲渡等　事業として対価を得て行われる資産の譲渡等及び貸付け並びに役務の提供（代物弁済による資産の譲渡その他対価を得て行われる資産の譲渡若しくは貸付け又は役務の提供に類する行為として政令で定めるものを含む。）をいう。

＜消費税法基本通達5-1-1《事業としての意義》＞

法第2条第1項第8号《資産の譲渡等の意義》に規定する「事業

として」とは、対価を得て行われる資産の譲渡及び貸付け並びに役務の提供が反復、継続、独立して行われることをいう。
(注) 1 個人事業者が生活の用に供している資産を譲渡する場合の当該譲渡は「事業として」には該当しない。
2 法人が行う資産の譲渡及び貸付け並びに役務の提供は、その全てが「事業として」に該当する。

(注) 平成27年度改正により、平成27年10月1日以後の取引については、国際電子商取引を消費税の課税とするため、次のように改正される。

＜消費税法4条《課税の対象》＞
　国内において事業者が行った資産の譲渡等（特定資産の譲渡等に該当するものを除く。）及び特定仕入れ（事業として他の者から受けた特定資産の譲渡等をいう。）には、この法律により、消費税を課する。

＜消費税法5条《納税義務者》＞
　事業者は、国内において行った課税資産の譲渡等（特定資産の譲渡等に該当するものを除く。第30条第2項及び第32条を除き、以下同じ。）及び特定課税仕入れ（課税仕入れのうち特定仕入れに該当するものをいう。）につき、この法律により、消費税を納める義務がある。

＜消費税法2条《定義》＞
8の2　特定資産の譲渡　事業者向け電気通信利用役務の提供及び特定役務の提供をいう。
8の3　電気通信役務の提供　資産の譲渡等のうち、電気通信回線を介して行われる著作物の提供（当該著作物の利用の許諾に係る取引を含む。）その他の電気通信回線を介して行われる役務の提供（電話、通信その他の通信設備を用いて他人の通信を媒介する

> 役務の提供を除く。）であって、他の資産の譲渡等の結果の通知その他の資産の譲渡に付随して行われる役務の提供以外のものをいう。
> 8の4　事業者向け電気通信利用役務の提供　国外事業者が行う電気通信利用役務の提供のうち、当該電気通信利用役務の提供に係る役務の性質又は当該役務の提供に係る取引条件等から当該役務の提供を受ける者が通常事業者に限られるものをいう。

　上記改正により、電子書籍・音楽・広告の配信等の電気通信回線を介して行われる「電気通信役務の提供」について、内外判定基準が役務の提供に係る事務所等の所在地から役務の提供を受ける者の住所地等に変更される。これにより、国外事業者が国内に向けて行う「電気通信役務の提供」は国内取引に該当し、課税の対象となる。

　また、国外事業者が国内に向けて行う「電気通信役務の提供」を「事業者向け電気通信役務の提供」と「消費者向け電気通信役務の提供」に区分し、「事業者向け電気通信役務の提供」については、国外事業者の納税義務を、役務の提供を受ける事業者に転換する（リバースチャージ方式）。

　「消費者向け電気通信役務の提供」については、役務の提供を行う国外事業者が納税義務者となる（国外事業者申告納税方式）。

　（注1）「事業者向け電気通信役務の提供」と「消費者向け電気通信役務の提供」の区分

　　「事業者向け電気通信役務の提供」とは、国外事業者が行う電気通信役務の提供のうち、役務の性質又は役務の提供に係る契約条件等により、**その役務の提供を受ける者が事業者であることが明らかなもの**をいう。

　　また「消費者向け電気通信役務の提供」とは、国外事業者が行う電気通信役務の提供のうち、**「事業者向け電気通信役務の提供」以外のもの**をいう。

　　したがって、電子書籍や音楽の配信のように、**役務の提供を受ける者が事業者であることが明らかでない取引**は「事業者向け電気通信役務の提供」には該当しないため、「リバースチャージ方式」は適用されない。

(注2) 事業者向け電気通信役務の提供に対する取扱い

「事業者向け電気通信役務の提供」については「リバースチャージ方式」が適用され、特定課税仕入れを行う事業者が納税義務を負うとともに、その特定課税仕入れにつき、課されるべき消費税額を仕入控除税額の計算対象とすることになる。

ただし、特定課税仕入れがある課税期間の課税売上割合が95％以上の場合には、当分の間、その課税期間中に行った特定課税仕入れはなかったものとされるため結果として納税は不要となり、また、仕入税額控除もできないことになる。

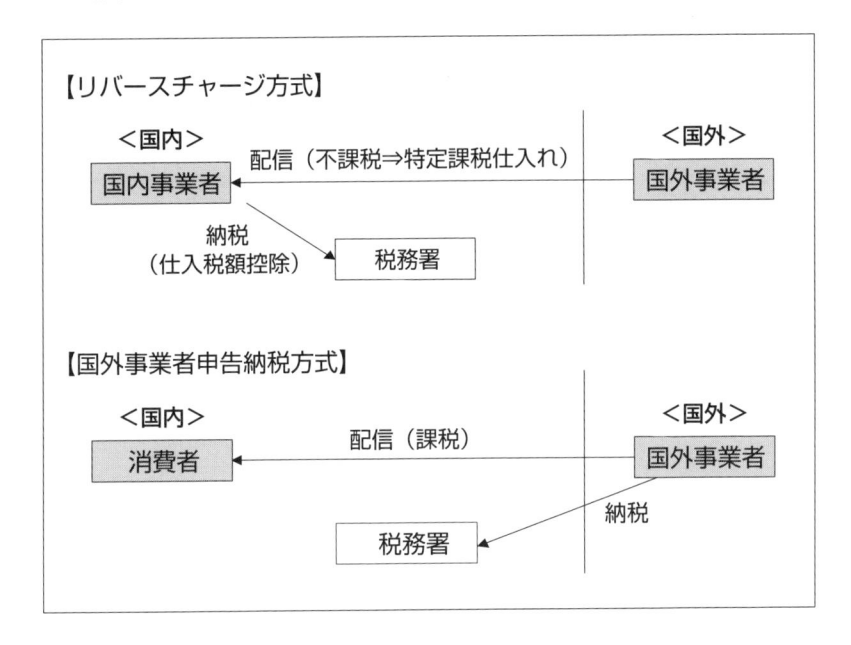

【リバースチャージ方式】

<国内> 配信（不課税⇒特定課税仕入れ） <国外>
国内事業者 ← 国外事業者
↓ 納税
（仕入税額控除）
税務署

【国外事業者申告納税方式】

<国内> 配信（課税） <国外>
消費者 ← 国外事業者
↓ 納税
税務署

1 規定の概要

消費税の課税対象となる取引は、消費税法4条に規定されており、その内容は次のように分類される。

＜課税対象となる取引＞
① 国内取引……国内において事業者が事業として対価を得て行う資産の譲渡等
　　　　　　　（資産の譲渡、資産の貸付け、役務の提供）
② 輸入取引……保税地域から引き取られる外国貨物

これに対して、課税対象外取引は法令上の規定はないが、おおむね次のように区分される。

＜課税対象外取引＞
① 国内取引のうち資産の譲渡等に該当しないもの
② 国外取引

また、消費税法では非課税取引が規定されているが、これは法人等が行う取引を課税対象取引と課税対象外取引とに区分した後の課税対象取引についての問題であることに注意する必要がある。

以上の内容を整理すると次のようになる。

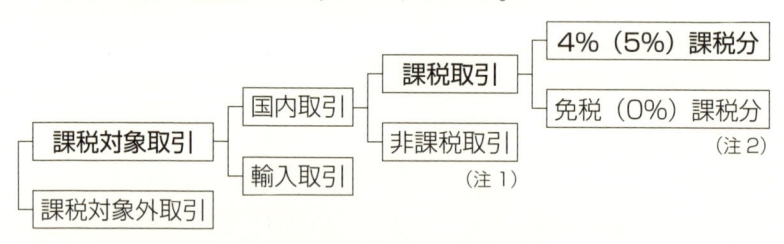

```
課税対象取引 ─┬─ 国内取引 ─┬─ 課税取引 ─┬─ 4％（5％）課税分
　　　　　　　│　　　　　　　│　　　　　　　└─ 免税（0％）課税分
　　　　　　　│　　　　　　　└─ 非課税取引　　　　　　　　　　（注2）
　　　　　　　│　　　　　　　　　（注1）
　　　　　　　└─ 輸入取引
課税対象外取引
```

（注1）非課税取引（消法別表第一、第二）
　　消費税法の非課税取引には「消費になじまないもの」と「社会政策的な配慮に基づくもの」とがあり、それぞれには次のものが含まれる。
　≪消費になじまないもの≫
　　① 土地の譲渡、貸付けなど　　② 社債・株式等の譲渡、支払手段の譲渡
　　③ 利子、保証金、保険料など　④ 郵便切手・印紙などの譲渡
　　⑤ 商品券・プリペイドカードなどの譲渡
　　⑥ 住民票・戸籍抄本等の行政手数料　⑦ 国際郵便為替、外国為替など

≪社会政策的な配慮に基づくもの≫
① 社会保健医療など　　　　② 一定の社会福祉事業など
③ 一定の学校の授業料、入学金、施設設備料、入学検定料など
④ 助産　　　　　　　　　　⑤ 埋葬料、火葬料
⑥ 一定の身体障害者用物品　⑦ 教科書図書
⑧ 住宅家賃等

(注2) 輸出免税には次の要件が付されている（消基通7-1-1）。
① 課税業者によって行われるものであること。
② 資産の譲渡等は国内で行われるものであること。
③ 課税資産の譲渡等であること。
④ 輸出及び輸出類似取引であること。
⑤ ④であることの証明がなされたものであること。

　なお輸出免税の場合、消費税法においては０％課税ということであるから、仕入税額控除の計算上関係する課税売上割合の分母及び分子に含まれる。

(注3) 課税対象外取引と非課税取引との差異
　課税対象外取引と非課税取引は、消費税が課税されない点では共通しているが、課税売上割合の計算上の取扱いが違うことから、仕入税額控除に与える影響は大きく、両者は明確に区分する必要がある。

2 形式基準の内容

　消費税の課税対象となる取引は、前述したように「事業者が事業として、対価を得て行う資産の譲渡等」であるが、実務上はその判断が容易ではないケースが多くあることから、その内容について検討する。

1 ●「事業者が事業として行う取引」とは

　ここでいう「事業者」とは、自己の計算において独立して事業を行うものをいうことから、具体的には法人と個人事業者ということになる。
　また「事業として」とは、対価を得て行われる資産の譲渡及び貸

付け並びに役務の提供が反復、継続、独立して行われることをいうが、所得税における事業の概念とは異なり、事業の規模は問わないこととされていることから、例えばサラリーマンが副業として店舗の賃貸を行っているケースは原則として事業に該当する（ただし、免税事業者であれば納税義務は生じない。）。

一方、個人事業者が生活用資産を譲渡するケースについては、たとえ事業者が行うものであっても、事業としての取引には該当しないことになる。

2 ● VAT（欧州付加価値税）における納税義務者・課税対象

① 納税義務者

VATにおける納税義務者は、資産の譲渡又は役務の提供を行う課税事業者である。

ここでいう課税事業者とは、営む場所、目的、結果を問わず、独立して経済活動を営むものを指し、経済活動とは、鉱業、農業、専門的サービスを含む製造、商品販売、サービス提供に含まれるすべての活動を指し、収入を得るために継続的に有形又は無形資産を利用することを指す。

つまり、ほとんどの法人及び個人事業者は課税事業者となる。

（注）小規模事業者の特例措置

　　特例として、小規模事業者の特例制度があり、各加盟国では売上が一定金額に満たない事業者を「小規模事業者」とみなし、これらの事業者による取引を課税対象外とすることができる。ただし、この特例制度は、EU在住企業のみについての適用となる。

② 課税対象

VATの課税対象は、「資産の譲渡」、「役務の提供」、「EU区内取得」（注）、「輸入」である。課税事業者が、EU区域内で事業として有

償で行うものがその対象となる。
(注)「EU区内取得」とは、有形動産の処分権の獲得であり、資産がある加盟国から他の加盟国へ移動することをいう。基本的には、供給者又は取得者、あるいはこれらの者から委任を受けたものによる輸送により、資産が取得者に輸送される場合が、「EU区内取得」となる。

③ 過去のイギリスでの裁判例

かつて、イギリスのVAT(付加価値税)の裁判例で、「事業」の判断基準として、㋑利益追求性の有無、㋺合理的な期間の継続性、㋩活動における実質的供給量の存在、㋥通常かつ健全な経営原則に従った活動の存在、㋭活動における顕著な対価性の存在、㋬利潤追求者による供給であること等が用いられたことがあった。

その結果、(a)従業員による役務の提供、(b)単なる娯楽・交際活動、(c)ボランティア活動、(d)投資家による資産の借入等は事業に当たらないこととされている。

④ 我が国の制度との相違点

基本的な考え方は、我が国の基準と大きく変わるものではないが、我が国が帳簿方式であるのに、VATはインボイス方式であることにより、次の点で大きく異なることとなる。

具体的にVATはインボイス方式であることから、課税事業者は登録を義務付けられ、登録されている場合に限りインボイスを発行できるし、また受領したインボイスに記載された前段階税額を控除できることになる。

したがって、登録されていない事業者は流通の流れから除外される結果となる(基本的に、登録されていない事業者等は納税義務も生じないことになるが、選択によって登録事業者になることもできる。)。

一方、我が国の場合は帳簿方式であることから、登録制度はなく「事業者が事業として」行うものであれば、課税対象となる(ただし、

我が国固有の事業者免税点制度があるため、結果的に納税額が生じないことはある。なお、インボイスがないため、購入者サイドでたとえ売主が免税事業者であっても、仕入税額控除ができることになる。）。

3 実務上のトラブルの原因

1 ●外注費が給与と認定された事例
【東京高裁平成20年4月23日判決：TAINS Z258-10947】（納税者敗訴）】
●事例の概要
　電気工事の設計施工等を業とするX社（原告、控訴人、上告人）が、業務に従事した者6人に対して支払った金員につき、これらが請負契約に基づいて支出した外注費に当たるとして、課税仕入れに係る支払対価の額として計上して消費税の確定申告をしたところ、処分行政庁から同金員は給与等であり、消費税法上、課税仕入れに係る支払対価の額に該当しないとして、消費税等に係る更正処分を受けたため、被告（国）に対し、これらの処分の取消しを求めた事例である。

2 ●マンション管理組合に支払った管理費等が仕入税額控除の対象とならないとされた事例
【福岡地裁平成21年12月22日判決：TAINS Z259-11353】
●事例の概要
　マンション居住者である事業者が管理組合に支払う管理費は、その区分所有者が組合員として、その運営組織である管理組合に支払うものであり、管理費等はマンション管理組合の運営にも充てられるものであることから、反対給付という概念を想定することが困難

であること等の理由により、消費税の課税対象とされない不課税取引となるのであり、管理費等を支出した側である区分所有者がこれを課税仕入れとすることもできないこととされた事例である。

4 トラブルを招かない実務上の留意点・問題点

消費税の課税対象の基本的な判断基準となる「事業者が事業として」という内容は、抽象的であることから問題となるケースが少なくないのが実情である。

その代表例が3に掲げた2つの事例であるが、それぞれについて問題点を整理すると次のようになる。

1 ●雇用か、請負かの問題点

最初に、1の外注費と給与の事例であるが、消費税法における請負と雇用の区分はどのように行うかということである（雇用の場合は、雇用契約に基づく労働の対価であることから事業とはならない。）。

この問題は、実務上非常に重要なものであるとともに、デリケートな要素を持つものであるのが実情である。つまり様々な形態があり、またそれぞれのケースで事情が異なることから、単純かつ明確に行えるものではない。

そこで、現行の消費税法では、その目安として消費税法基本通達1-1-1《個人事業者と給与所得者の区分》において、次のような判断基準を示している。

> <消費税法基本通達1-1-1《個人事業者と給与所得者の区分》>
> 事業者とは自己の計算において独立して事業を行う者をいうから、個人が雇用契約又はこれに準ずる契約に基づき他の者に従属し、

かつ、当該他の者の計算により行われる事業に役務を提供する場合は、事業に該当しないのであるから留意する。したがって、出来高払の給与を対価とする役務の提供は事業に該当せず、また、請負による報酬を対価とする役務の提供は事業に該当するが、支払を受けた役務の対価が出来高払の給与であるか請負による報酬であるかの区分については、雇用契約又はこれに準ずる契約に基づく対価であるかどうかによるのであるから留意する。この場合において、その区分が明らかでないときは、例えば、次の事項を総合勘案して判定するものとする。
（1）その契約に係る役務の提供の内容が他人の代替を容れるかどうか。
（2）役務の提供に当たり事業者の指揮監督を受けるかどうか。
（3）まだ引渡しを了しない完成品が不可抗力のために滅失した場合等においても、当該個人が権利として既に提供した役務に係る報酬の請求をなすことができるかどうか。
（4）役務の提供に係る材料又は用具等を提供されているかどうか。

　この考え方は、民法の請負と雇用の概念を基にしたものであり、あくまでも上記の要件を基にして、総合的に判断すべきものであることを示しているといえる。
　ここで注意したいのは、それぞれ判断要素の1つとはいえ、請負と雇用の判断において、上記4つの基準のうち絶対的なものはあるのか、又は重要視されるものは、どの要件なのかということである。
　上記通達の考え方を参考にすると、作業時間に従って労務の対価を支払っており、達成すべき仕事量が完遂されない場合でも、それが減額されていないことと、法人と外注者との契約内容が、空間的かつ時間的な拘束を受けていることなど、使用者の指揮命令に服してして労務を提供していたこと、つまり（2）及び（3）を重要視しているように思われる（具体的には、業務を休んだ時間部分につ

いての対価が支払われるかなど)。

　ただし前述したように、実務上は様々なケースがあることから、それぞれの契約状況に応じて総合的に判断せざるを得ないのはいうまでもない。

　そうした意味では、本通達はきわめて抽象的であり、適正に機能しているか否かについては疑問である。

2 ●マンション管理費の取扱いに対する問題点

　次に3の2のマンション管理組合について、テナントビルの賃借人が支払う共益費と比較してみることとする。

①　テナントビルにおける共益費のケース
【国税庁ホームページ質疑応答事例より】

> ＜照会要旨＞
> 　ビル管理会社等がテナントから受け入れる水道光熱費等の共益費は、いわゆる「通過勘定」という実費精算的な性格を有することから、消費税の課税対象外としてよいでしょうか。
> ＜回答要旨＞
> 　ビル管理会社等が、水道光熱費、管理人人件費、清掃費等を共益費等と称して各テナントから毎月一定額で領収し、その金額の中からそれぞれの経費を支払う方法をとっている場合には、ビル管理会社等が領収する共益費等は課税の対象となります。
> 　また、水道光熱費等の費用がメーター等によりもともとテナントごとに区分されており、かつ、ビル管理会社等がテナント等から集金した金銭を預り金として処理し、ビル管理会社等は本来テナント等が支払うべき金銭を預かって電力会社等に支払うにすぎないと認められる場合には、当該預り金はビル管理会社等の課税売上げには該当しません。

<イメージ図>

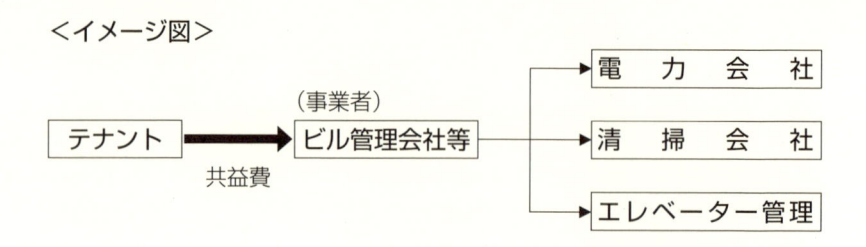

```
テナント ──共益費──▶ ビル管理会社等 ──▶ 電 力 会 社
                    (事業者)        ──▶ 清 掃 会 社
                                    ──▶ エレベーター管理
```

② 法人がマンション等の管理組合に支出した管理費のケース
<イメージ図>

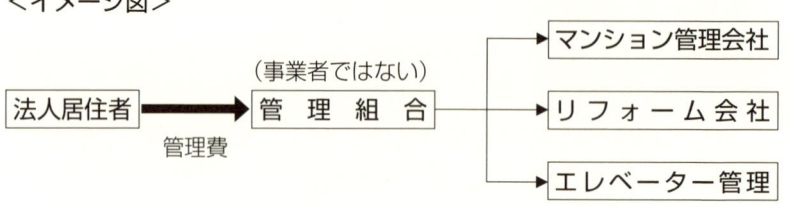

```
法人居住者 ──管理費──▶ 管 理 組 合 ──▶ マンション管理会社
                      (事業者ではない) ──▶ リフォーム会社
                                      ──▶ エレベーター管理
```

③ 管理費等に対する消費税法上の取扱い
【福岡地裁平成21年12月22日判決より抜粋（TAINS Z259-11353）】

　一般的に、マンション管理組合が、その区分所有者から受領する管理費等については、①管理費等はマンション管理組合の運営にも充てられるものとも考えられ、反対給付という概念を想定することが困難であること、②区分所有者が支出した管理費等とマンション管理組合がその構成員である区分所有者に対し提供する役務との間に、明白な対価関係があるとは認められないこと、③管理費等の支出の原因は当該管理組合の組合としての地位に基づくものであることから、通常管理費の受領は、「資産の譲渡等」に伴う対価には該当しないとして、消費税法上は課税取引とされている。

　したがって、マンション管理組合が、その構成員である区分所有者から受け取った管理費及び修繕積立金については、消費税の課税対象とされない不課税取引となるのであり、このように解する以上、管理費等を支出した側である区分所有者がこれを課税仕入れとする

こともできないことになる。

④ **取扱い上の留意点**

なお、上記判決によると、法人が支払った管理費及び修繕積立金に係る法人税法上の取扱いは、次のようになる。

㋑ 管理費の取扱い

区分所有者等から支出された管理費のうち、管理組合において諸費用として支出された部分については、損金算入が認められるが、剰余金等として留保されている部分については、前払費用として資産計上が必要となる。

㋺ 修繕積立金の取扱い

支出段階では前払金等として計上し、実際に管理組合が修繕等を行った段階で前払金を修繕費等に振り替える処理を行うことになる。

また、消費税の仕入税額控除については、前述したように、管理組合は事業者ではなく、消費税法4条による「事業者が事業として対価を得て行う資産の譲渡等」に該当しないことから認められないことは理解できないことではないが、その実態としては、間接的に諸費用を負担していることに変わりがないことを、どのように考えるかという問題は残っているように思われる。

これは根本的には、消費税法4条の形式基準としての問題であることから、今後の課税庁の対応に注意したいところである。

02 消費税の仕入税額控除の調整措置に係る適用の適正化

問題の所在

○ 消費税免税事業者の要件（適用除外）は適正であるか。

関係条文等

＜消費税法９条１、４～８号《小規模事業者に係る納税義務の免除》＞

　事業者のうち、その課税期間に係る基準期間における課税売上高が1,000万円以下である者については、第５条第１項の規定にかかわらず、その課税期間中に国内において行った課税資産の譲渡等につき、消費税を納める義務を免除する。ただし、この法律に別段の定めがある場合は、この限りでない。

２・３（略）

４　第１項本文の規定により消費税を納める義務が免除されることとなる事業者が、その基準期間における課税売上高（同項に規定する基準期間における課税売上高をいう。）が1,000万円以下である課税期間につき、第１項本文の規定の適用を受けない旨を記載した届出書をその納税地を所轄する税務署長に提出した場合には、当該提出をした事業者が当該提出をした日の属する課税期間の翌課税期間（当該提出をした日の属する課税期間が事業を開始した日の属する課税期間その他政令で定める課税期間である場合には、当該課税期間）以後の課税期間（その基準期間における課税売上高が1,000万円を超える課税期間を除く。）中に国内において行う課税資産の譲渡等については、同項本文の規定は適用しない。

５　前項の規定による届出書を提出した事業者は、同項の規定の適

用を受けることをやめようとするとき又は事業を廃止したときは、その旨を記載した届出書をその納税地を所轄する税務署長に提出しなければならない。
6　前項の場合において、第4項の規定による届出書を提出した事業者は、事業を廃止した場合を除き、同項に規定する翌課税期間の初日から2年を経過する日の属する課税期間の初日以後でなければ、同項の適用をやめようとする旨を記載した届出書を提出することができない。
7　第5項の場合において、第4項の規定による届出書を提出した事業者は、同項に規定する翌課税期間の初日から同日以後2年を経過する日までの間に開始した各課税期間（第37条第1項の規定の適用を受ける課税期間を除く。）中に国内において調整対象固定資産の課税仕入れ又は調整対象固定資産に該当する課税貨物（他の法律又は条約の規定にににより消費税が免除されるものを除く。）の保税地域からの引取り（以下「調整対象固定資産の仕入れ等」という。）を行った場合（第4項に規定する政令で定める課税期間において当該届出書の提出前に当該調整対象固定資産の仕入れ等を行った場合を含む。）には、前項の規定にかかわらず、事業を廃止した場合を除き、当該調整対象固定資産の仕入れ等の日の属する課税期間の初日から3年を経過する日の属する課税期間の初日以後でなければ、第4項の規定の適用を受けることをやめようとする旨を記載した届出書を提出することができない。この場合において、当該調整対象固定資産の仕入れ等の日の属する課税期間の初日から当該調整対象固定資産の仕入れ等の日までの間に同項の規定の適用を受けることをやめようとする旨を記載した届出書をその納税地を所轄する税務署長に提出しているときは、次項の規定の適用については、その届出書の提出はなかったものとみなす。
8　第5項の規定による届出書の提出があったときは、その提出があった日の属する課税期間の末日の翌日以後は、第4項の規定に

よる届出は、その効力を失う。

＜消費税法12条の２第１、２項《新設法人の納税義務の免除の特例》＞
　その事業年度の基準期間がない法人のうち、当該事業年度開始の日における資本金の額又は出資の金額が1,000万円以上である法人（以下「新設法人」という。）については、当該新設法人の基準期間がない事業年度に含まれる各課税期間における課税資産の譲渡については、第９条第１項本文の規定は、適用しない。
２　前項の新設法人が、その基準期間がない事業年度に含まれる各課税期間（第37条第１項の規定の適用を受ける課税期間を除く。）中に調整対象固定資産の仕入れ等を行った場合には、当該新設法人の当該調整対象固定資産の仕入れ等の日の属する課税期間から当該課税期間の初日以後３年を経過する日の属する課税期間までの各課税期間における課税資産の譲渡については、第９条第１項本文の規定は、適用しない。

＜消費税法37条１～３項《中小企業者の仕入れに係る消費税額の控除の特例》＞
　事業者（第９条第１項本文の規定により消費税を納める義務が免除される事業者を除く。）が、その納税地を所轄する税務署長にその基準期間における課税売上高が5,000万円以下である基準期間についてこの項の規定の適用を受ける旨を記載した届出書を提出した場合には、当該届出書を提出した日の属する課税期間の翌課税期間以後の課税期間（その基準期間における課税売上高が5,000万円を超える課税期間及び分割等に係る課税期間を除く。）については、第30条から前条までの規定により課税標準額に対する消費税額から控除することができる課税仕入れ等の税額の合計額は、これらの規定にかかわらず、当該事業者の当該課税期間の課税標準額に対する消費税額から当該課税期間における法第38条第１項に規定する売上げに係る対価の返還等の

金額に係る消費税額の合計額を控除した残額の100分の60に相当する金額（卸売業その他の政令で定める事業を営む事業者にあっては、当該残額に政令で定めるところにより当該事業の種類ごとに当該事業における課税資産等の譲渡に係る消費税額のうちに課税仕入れ等の税額の通常占める割合を勘案して政令で定める率を乗じて計算した金額）とする。この場合において、当該金額は、当該課税期間における仕入れに係る消費税額とみなす。

2　前項の規定の適用を受けようとする事業者は、次の各号に掲げる場合に該当するときは、当該各号に定める期間は、同項の規定による届出書を提出することができない。ただし、当該事業者が事業を開始した日の属する課税期間その他の政令で定める課税期間から同項の規定の適用を受けようとする場合に当該届出書を提出するときは、この限りでない。

一　当該事業者が第９条第７項の規定の適用を受ける者である場合　同項に規定する調整対象固定資産の仕入れ等の日の属する課税期間の初日から同日以後３年を経過する日の属する課税期間の初日の前日までの期間

二　当該事業者が第12条の２第２項の新設法人である場合又は第12条の３第３項の特定新規設立法人である場合において第12条の２第２項に規定する場合に該当するとき　第12条の２第２項に規定する調整対象固定資産の仕入れ等の日の属する課税期間の初日から同日以後３年を経過する日の属する課税期間の初日の前日までの期間

3　前項各号に規定する事業者が当該各号に掲げる場合に該当することとなった場合において、当該各号に規定する調整対象固定資産の仕入れ等の日の属する課税期間の初日から当該各号に掲げる場合に該当することとなった日までの間に第１項の規定による届出書をその納税地を所轄する税務署長に提出しているときは、同

項の規定の適用については、その届出書の提出は、なかったものとみなす。

＜消費税法2条1項16号《定義》＞
十六　調整対象固定資産　建物、構築物、機械及び装置、船舶、航空機、車両及び運搬具、工具、器具及び備品、鉱業権その他の資産でその価額が少額でないものとして政令で定めるものをいう。

＜消費税法施行令5条《調整対象固定資産の範囲》＞
　法第2条第1項第16号に規定する政令で定める資産は、棚卸資産以外の資産で次に掲げるもののうち、当該資産に係る法第30条第1項に規定する課税仕入れに係る支払対価の額の108分の100に相当する金額又は保税地域から引き取られる当該資産の課税標準である金額が、一の取引の単位（通常1組又は1式をもって取引の単位とされるものにあっては、1組又は一式とする。）につき100万円以上のものとする。

1 規定の概要

平成22年度税制改正により、非事業者等の住宅建築の際のいわゆる「自動販売機方式」による消費税額の還付に対する規制として、消費税の課税の適正化の観点から、調整対象固定資産の取得に係る仕入税額控除が過大であった場合に減額する調整措置の対象となるよう、次の **2** による見直しが行われた。

＜自動販売機方式（平成22年度改正前）イメージ図＞

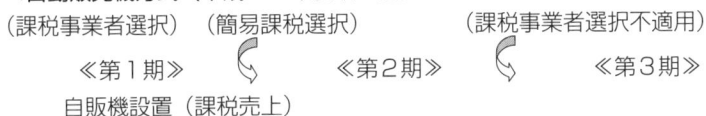

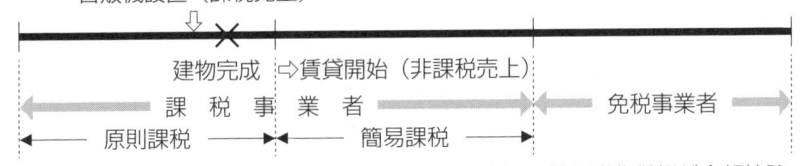

(課税事業者選択)　(簡易課税選択)　　　(課税事業者選択不適用)

≪第１期≫　　　≪第２期≫　　　　　≪第３期≫

自販機設置（課税売上）

建物完成　⇨賃貸開始（非課税売上）

　　　　　課　税　事　業　者　　　　　　　免税事業者
　　原則課税　　　　　　簡易課税

＊第１期は、課税売上割合が100％となり、建物に係る消費税額が全額控除される。

2 形式基準の内容

1 ●事業者免税点制度の適用の見直し

課税事業者を選択した免税事業者及び基準期間がない新設法人が、次の期間（簡易課税制度の適用を受ける課税期間を除く。）中に、**調整対象固定資産を取得した場合には、当該取得があった課税期間を含む３課税期間**は、引き続き事業者免税点制度を適用しないこととした。

① 課税事業者を選択することにより、事業者免税点制度の適用を受けないこととした事業者の当該選択の強制適用期間（２年間）
② 資本金1,000万円以上の新設法人につき、事業者免税点制度を適用しないこととされる設立当初の期間（２年間）

（注）**調整対象固定資産とは、棚卸資産以外の資産で100万円以上（税抜ベース）のものをいう。**

＜参考＞調整対象固定資産の調整について（消法33~35）

　消費税の課税仕入れに係る税額控除は、課税仕入れを行った課税期間において、一括控除を行うのが原則であるが、長期にわたる固定資産など一定の資産については仕入時の現況だけで税額控除額を確定することが適切ではないケースがある。

　つまり、取得後に資産の使用形態の変更や課税売上割合の変更がある場合など一定の場合には、仕入税額控除額を調整することとされている。

㋑　調整が必要となる場合は
　（a）課税売上割合が著しく変動した場合
　（b）固定資産を課税業務用から非業務用に転用した場合
　（c）固定資産を非業務用から業務用に転用した場合

㋺　上記「(a) 課税売上割合が著しく変動」し調整が必要となる場合とは次の要件のすべてを満たす場合には、仕入税額控除の調整が必要となる。
　（a）仕入税額控除を比例配分方式（個別対応方式又は一括比例配分方式）により行っていること
　（b）3年を経過する課税期間末日において、調整対象固定資産を保有していること
　（c）課税売上割合が著しく変動※していること
　　※　仕入れに係る消費税額から控除されるケース（3課税期間で計算）

$$\frac{\text{仕入等の課税時期の課税売上割合} - \text{通算課税売上割合}}{\text{仕入等の課税時期の課税売上割合}} \geq 50\%$$

　　かつ

　　仕入等の課税時期の課税売上割合 - 通算課税売上割合 ≧ 5％

◎　調整額

　調整対象控除額

　（調整対象固定資産の課税仕入に係る消費税額） × （仕入等の課税の課税売上割合 － 通算課税売上割合）

【設例】
　課税事業者を選択した者が、その初年度末に調整対象固定資産に該当する居住用のマンションを建築し、自動販売機手数料が初年度から毎年50万円で、マンションの賃貸収入は2年目から毎年1,000万円であったケースについて計算してみると、次のようになる。
　㈤　課税時期の課税売上割合　50万円/50万円＝100%
　㈥　通算課税売上

$$\frac{50万円+50万円+50万円}{50万円+1,050万円+1,050万円} ≒ 7\%$$

　㈦　判定
　　・100－7/100＝93%≧50%
　　・100－7＝93%≧5%
　　∴課税売上割合が著しく変動するケースに該当する。
　　つまり、初年度でマンションに係る消費税の100%還付を受けても、3期目において、そのうち93%相当分は納付しなければならないことになる。

2 ●簡易課税制度の適用の見直し

　*1*により、引き続き事業者免税点を適用しないこととされた課税期間（調整対象固定資産を取得した課税期間から3課税期間）については、簡易課税制度の適用が受けられないこととしている。

　具体的には、簡易課税制度の適用を受けようとする事業者が、次のいずれかに該当するときは、それぞれ調整対象固定資産の課税仕入れ等の日の属する課税期間初日から3課税期間目の初日の前日までは、「簡易課税制度選択届出書」を提出することができないことになっている（消法37②）。

① 　課税事業者を選択した者が、課税事業者となった課税期間の初日から2年を経過する日までの間に開始した各課税期間中に、調

整対象資産の課税仕入れ等を行った場合で、調整対象固定資産仕入課税期間について簡易課税制度の適用を受けない（原則課税により申告）場合

② 資本金1,000万円以上の新設法人が、その基準期間がない課税期間中に、調整対象固定資産の仕入れ等を行った場合で、調整対象固定資産仕入課税期間について簡易課税制度の適用を受けない場合

3 ●届出書が無効とされるケース

① 「課税事業者選択不適用届出書」を調整対象固定資産取得前に提出した場合

上記*1*で説明したとおり、課税選択強制適用期間中に調整対象固定資産を取得した場合には、調整対象固定資産取得日の属する課税期間の初日から３課税期間目の初日までは「課税事業者選択不適用届出書」を提出することはできないことになっている。

したがって、「課税事業者選択不適用届出書」を提出した後で、同一課税期間中に調整対象固定資産を取得した場合には、その届出書の提出はなかったものとみなされる（消法９⑦）。

② 「簡易課税制度選択届出書」を調整対象固定資産取得前に提出した場合

上記*2*で説明したとおり、新設法人等が課税事業者の強制適用期間中に調整対象固定資産を取得した場合には、調整対象固定資産取得日の属する課税期間の初日から３課税期間目の初日までは「簡易課税制度選択届出書」を提出することはできないことになっている。

したがって、「簡易課税制度選択届出書」を提出した後で、同一課税期間中に調整対象固定資産を取得した場合には、その届出書の提出はなかったものとみなされる（消法37③）。

3 実務上のトラブルの原因

　上記改正により、免税事業者が課税事業者を選択した場合等について、一定期間内に調整対象固定資産を取得した場合には、課税事業者としての拘束期間が3課税期間加わるうえ、その期間は簡易課税の選択ができなくなることにより、従来は拘束期間が2年間であったことにより、適用対象とはならなかった調整対象固定資産の判定が必要となっている。

　つまり、従来からのいわゆる「自動販売機方式」のほとんどのケースが、課税売上割合が著しく変動している場合に該当することから、初年度に住宅等に係る仕入税額控除を受けたとしても、3年目に上記算式による調整額を納付しなければならないことになるため、安易に還付を受けることができなくなる。

　なお、調整対象固定資産は、税抜100万円の資産（棚卸資産以外）であることから、マンションやアパートに限定されるものではないため、例えば期末資本金額が1,000万円以上の新設法人（簡易課税不適用）が設立2期目に、100万円以上の営業車や機械等を取得した場合には、そこから3課税期間は基準期間の課税売上高にかかわらず課税事業者が拘束されることに加え、簡易課税制度の適用が受けられないことになるため、注意する必要がある。

　また、この取扱いを認識せずに、設立2期目中に「簡易課税制度選択届出書」を提出し、3期目から適用と記載した場合には、「簡易課税制度選択届出書」の提出がなかったものとして取り扱われることになる。

4 トラブルを招かない実務上の留意点・問題点

　課税庁サイドにおいても各事業者の固定資産等の取得状況を網羅的に把握しているわけではないことから、届出書の提出時点では届出書の提出が適正か否か分からないため、例えば税務調査において、その状況（調整対象固定資産の取得）が判明した場合、原則課税方式によって計算し直す必要が生じるということである（課税事業者選択不適用届出書のケースについても同じ。）。

　つまり、このケースにおいては、納税者が3期目と4期目の消費税について簡易課税制度の適用があるものと認識して申告しても、その後の税務調査により簡易課税制度が不適用となり、2期分の本税不足額に加えて、加算税及び延滞税の負担が生じる結果となることから、注意する必要がある。

　本改正は、いわゆる「自動販売機方式」を規制するために設けられたものであるが、上記した本来は規制の対象となるべきではないケースが影響を受けることや、一定の場合に限って理不尽に拘束期間を延長するなどの課税の弊害が生じることは、あまりにも無理のある強引な形式基準を設けた結果ではないかと考える。

03 住宅非課税と仕入税額控除

問題の所在

○ 消費税の仕入税額控除について、全額控除が認められる95%ルールの適用範囲は適正か。

関係条文等

＜消費税法30条1、2項《仕入れに係る消費税額の控除》（抜粋）＞

　事業者（第9条第1項本文の規定により消費税を収める義務が免除される事業者を除く。）が、国内において行う課税仕入れ又は保税地域から引き取る課税貨物については、次の各号に掲げる場合の区分に応じ当該各号に定める日の属する課税期間の第45条第1項第2号に掲げる課税標準に対する消費税額（以下「課税標準に対する消費税額」という。）から、当該課税期間中に国内において行った課税仕入れに係る消費税額（当該課税仕入れに係る支払対価の額に108分の6.3を乗じて算出した金額をいう。）及び当該課税期間における保税地域からの引取りに係る課税貨物につき課された又は課されるべき消費税額の合計額を控除する。

一～三（略）

2　前項の場合において、同項に規定する課税期間における課税売上高が5億円を超えるとき、又は当該課税期間における課税売上割合が100分の95に満たないときは、同項の規定により控除する課税仕入れに係る消費税額及び同項に規定する保税地域からの引取りに係る課税貨物につき課された又は課されるべき消費税額（以下「課税仕入れ等の税額」という。）の合計額は、同項の規定

にかかわらず、次の各号に掲げる場合の区分に応じ当該各号に定める方法により計算した金額とする。

一　当該課税期間中に国内において行った課税仕入れ及び当該課税期間における前項に規定する保税地域からの引取りに係る課税貨物につき、課税資産の譲渡等にのみ要するもの、課税資産の譲渡等以外の資産の譲渡等（以下「その他の資産の譲渡等」という。）にのみ要するもの及び課税資産の譲渡等とその他の資産の譲渡等に共通して要するものにその区分が明らかにされている場合　イに掲げる金額にロに掲げる金額を加算する方法

　イ　課税資産の譲渡等のみに要する課税仕入れ及び課税貨物に係る課税仕入れ等の税額の合計額

　ロ　課税資産の譲渡等とその他の資産の譲渡等に共通して要する課税仕入れ及び課税貨物に係る課税仕入れ等の税額の合計額に課税売上割合を乗じて計算した金額

二　前号に掲げる場合以外の場合　当該課税期間における課税仕入れ等の税額の合計額に課税売上割合を乗じて計算する方法

1　規定の概要

　本来、消費税の計算上、仕入税額控除の対象となるのは、課税売上に対応する課税仕入れに限定されるべきものである。

　しかしながら、現行消費税法においては、中小企業における経理処理の煩雑さを考慮し、その課税期間の課税売上高が5億円未満で、かつ課税売上割合が95％以上の場合に限っては、全額仕入税額控除することが認められている。

　また本章「02　消費税の仕入税額控除の調整措置に係る適用の適正化」で解説したように、免税事業者が課税選択する場合と新規

設立法人については、一定期間中に調整対象固定資産をした場合には、その課税期間を含む3課税期間にわたって原則課税が義務付けられるが、そのいずれにも該当しない場合には、3課税期間の拘束は適用されないこととなる。

2 形式基準の内容

現行の消費税法における仕入税額控除方式について、整理すると次のようになる。

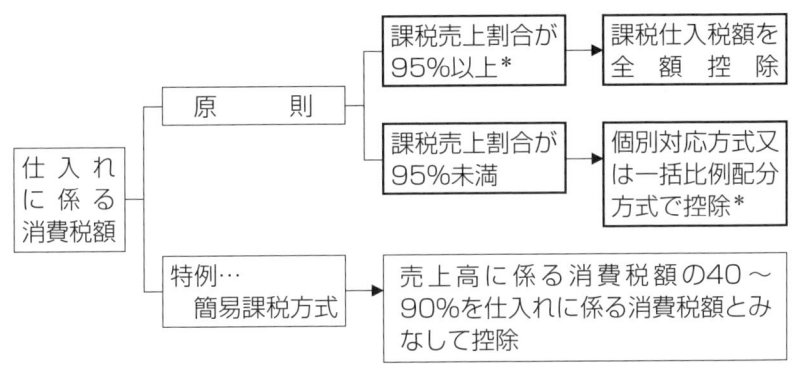

```
                         ┌ 課税売上割合が ─→ 課税仕入税額を
                         │ 95％以上*         全 額 控 除
              ┌ 原  則 ──┤
              │          │ 課税売上割合が ─→ 個別対応方式又
仕入れに係る──┤          └ 95％未満          は一括比例配分
消費税額      │                              方式で控除*
              │
              └ 特例… ──→ 売上高に係る消費税額の40〜
                簡易課税方式  90％を仕入れに係る消費税額とみ
                              なして控除
```

＊　平成24年4月1日以後に開始する事業年度については、その課税期間の課税売上高が5億円以下の事業者だけが全額控除の対象となる。
　つまり、その課税期間の課税売上高が5億円超の事業者は、課税売上割合にかかわらず個別対応方式又は一括比例配分方式によって仕入税額控除の計算を行う必要がある。

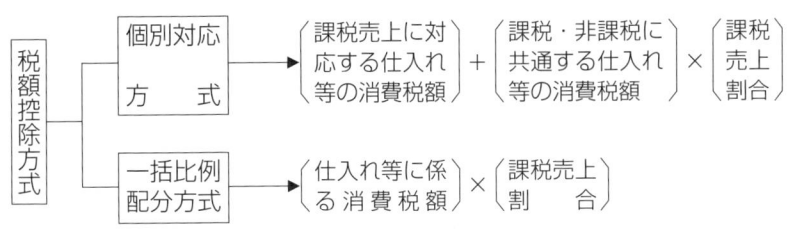

```
              ┌ 個別対応   (課税売上に対)   (課税・非課税に)   (課税)
              │ 方  式  ─→(応する仕入れ) + (共通する仕入れ) × (売上)
税額控除      │            (等の消費税額)   (等の消費税額)    (割合)
方  式    ────┤
              │ 一括比例   (仕入れ等に係)   (課税売上)
              └ 配分方式 ─→(る消費税額)  × (割  合 )
```

（注）一括比例配分方式には、2年間の拘束期間あり

このうち個別対応方式では、課税仕入れ及び保税地域から引き

取った外国貨物に係る消費税額を、次の3つに区分する必要がある。

① 課税売上に対応する仕入れに係る消費税額
② 非課税売上に対応する仕入れ等に係る消費税額
③ 課税売上と非課税売上に共通する仕入れ等に係る消費税額

上記の①は**全額控除**、②は**全額控除不可**、③は**課税売上割合を乗じた分を控除**することになる。

これを図解すると、次のようになる。

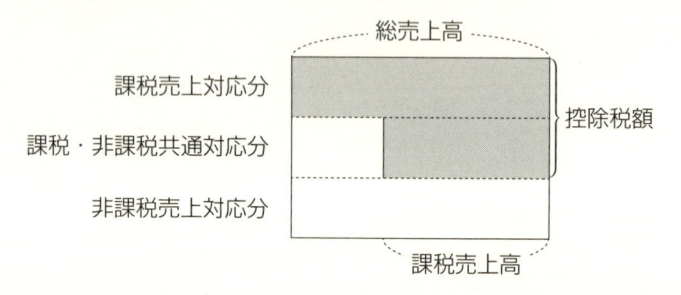

3 実務上のトラブルの原因

前述のとおり、免税事業者が課税選択をする場合と新規設立法人については、一定期間内に調整対象固定資産を取得した場合には、一定の規制が設けられているが、例えば従来から課税事業者である法人については、その対象とならないことから、次のようなケースが生じることになる。

【設例】
　甲社は、携帯電話の小売業を営んでいる3月決算の法人である。
　甲社は、従来から自社所有の本社で営業活動を行っていたが、引き続く不況の影響により売上及び利益状況が芳しくないため、将来のことも考え、本社建物の建替えに際し1階を本社として使用し、

2～4階を住宅(賃貸マンション)として賃貸することとした。
　なお、建て替えた本社ビルは当期中の10月に完成し、直ちに事業の用に供している。
　(建物の本体価格は、2億1,600万円(税込)である。)
　また、甲社の当期の商品売上は4億5,000万円(すべて課税売上)であり、この他に上記の賃貸マンションの賃貸料収入が1,800万円ある。
　このケースにおける、本社建物に係る消費税の仕入税額控除はどのようになるか。

① 法人が建物を建設した場合の消費税の取扱い(個別対応方式のケース)

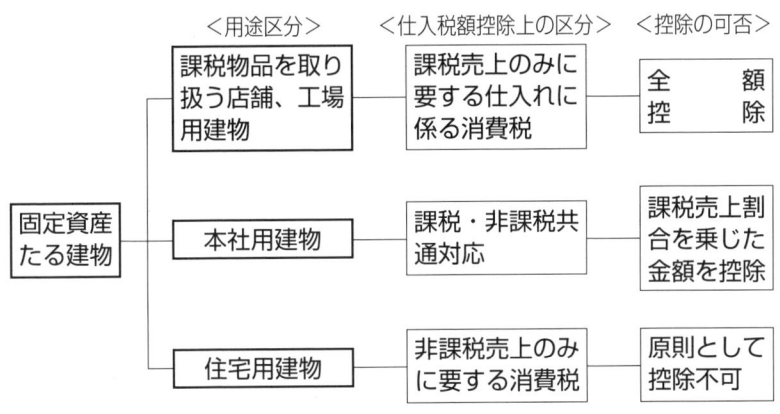

固定資産たる建物	<用途区分>	<仕入税額控除上の区分>	<控除の可否>
	課税物品を取り扱う店舗、工場用建物	課税売上のみに要する仕入れに係る消費税	全額控除
	本社用建物	課税・非課税共通対応	課税売上割合を乗じた金額を控除
	住宅用建物	非課税売上のみに要する消費税	原則として控除不可

(注) 建物の敷地に係る土地の仲介手数料・造成費についても同様の取扱いとなる。

② 建て替えたビルの仕入税額控除

　法人が建物を建築した場合で、仕入税額控除について個別対応方式を選択しているケースについては、前述したように、自社使用分については課税・非課税対応仕入れに該当し、サブリース契約(住宅用)の部分については非課税売上のみに対応する仕入れに該当す

る。

　つまり、原則としては自社使用部分については課税売上対応部分のみが仕入控除され、サブリース部分については仕入税額控除ができないのであるが、例外となるケースがある。

　それは、甲社の当期の課税売上高が5億円以下で、かつ課税売上割合が95％以上のケースである。

　その要件に該当する場合には、結果的に自社使用部分も住宅に係る部分も全額仕入税額控除もできることになる。

　ちなみに、本ケースでは上記の資料によると甲社の当期の課税売上割合は、4億5,000万円／4億5,000万円＋1,200万円＝0.967となり、95％以上となることから、住宅部分についても仕入税額控除が可能となる。

③　上記ケースにおける仕入税額控除の金額（①の前提に従い、本社部分と賃貸部分とは単純に階数で按分。また、参考までに課税売上割合が95％未満の場合との比較も計算している。）

　　㋑　課税売上割合95％未満のケース
　（本社部分）
　　　2億1,600万円×1/4×8/108＝<u>400万円</u>⇒課税売上割合分控除
　（賃貸マンション部分）
　　　2億1,600万円×3/4×8/108＝1,200万円⇒控除不可
　　㋺　課税売上割合95％以上のケース
　　　2億1,600万円×8/108＝<u>1,600万円</u>⇒ 全額控除

4 トラブルを招かない実務上の留意点・問題点

1 ●実務上の留意点

　本件に関する留意点は、建物の引渡し、あるいは入居者募集の時期によって、消費税の負担が大きく変わる可能性があるため、建物

等の新築や改築を行うケースについては、その事業年度の売上等の見積もりを行い、その影響を判断するための必要な資料の準備が必要になるということである（例えば、賃貸の開始時期によって課税売上割合が変わるため、95％以上になるかどうかをあらかじめ想定するなど。ただし、賃貸料収入の減収の問題もあることから、総合的に判断する必要がある。）。

　税理士サイドにおいては、納税者に対する判断上の必要な資料の提出及び説明がないことにより、損害賠償請求の可能性があることにも注意する必要がある。

2 ●制度上の問題点

　また、本ケースの根本的な問題は、控除仕入税額に関する制度設計にある。

　本章「02　消費税の仕入税額控除の調整措置に係る適用の適正化」でも説明したように、平成22年度税制改正において、いわゆる「自動販売機方式」による消費税額の還付については一定の規制が設けられたが、その内容は網羅的なものではなく、規制の対象が免税事業者や新設法人に限られていることから、それ以外の事業者で規制の要件に該当しないケースについては、従来と同じ取扱いになっているということである。

　例えば、一定金額以上の固定資産の取得（調整対象固定資産など）については、部分的に個別対応方式を強制適用するなどの対応が必要ではないかと考える。

第3章

相続税関係の形式基準の問題点とその対応

01 非上場株式の評価方法に関する形式基準
～原則方式か配当還元方式か

問題の所在

○ 財産評価通達による非上場株式の評価方法における原則方式と特例方式の適用区分は適正であるか。

関係条文等

＜相続税法22条《評価の原則》（抜粋）＞
　この章で特別の定めのあるものを除くほか、相続、遺贈又は贈与により取得した財産の価額は、当該財産の取得の時における時価により、当該財産の価額から控除すべき債務の金額は、その時の現況による。

＜財産評価基本通達1（2）《評価の原則》＞
（2）時価の意義
　財産の価額は、時価によるものとし、時価とは、課税時期において、それぞれの財産の状況に応じ、不特定多数の当事者間で自由な取引が行われる場合に通常成立すると認められる価額をいい、その価額は、この通達の定めによって評価した価額による。

＜財産評価基本通達6《この通達により定めにより難い場合の評価》＞
　この通達の定めによって評価することが著しく不適当と認められる財産の価額は、国税庁長官の指示を受けて評価する。

＜財産評価基本通達178《取引相場のない株式の評価上の区分》＞
　取引相場のない株式の価額は、評価しようとするその株式の発行

会社（以下「評価会社」という。）が次の表の大会社、中会社、小会社のいずれに該当するかに応じて、それぞれ次項の定めによって評価する。ただし、同族株主以外の株主等が取得した株式又は特定の評価会社の株式の価額は、それぞれ188《同族株主以外の株主等が取得した株式》又は189《特定会社の評価会社の株式》の定めによって評価する。

（以下略。208頁**2**参照）

＜財産評価基本通達188《同族株主以外の株主等が取得した株式》＞

　178《取引相場のない株式の評価上の区分》の「同族株主以外の株主等が取得した株式」は、次のいずれかに該当する株式をいい、その株式の価額は、次項の定めによる。

（1）同族株主のいる会社の株式のうち、同族株主以外の株主の取得した株式

　　この場合における「同族株主」とは、課税時期における評価会社の株主のうち、株主の1人及びその同族関係者（法人税法施行令第4条《同族関係者の範囲》に規定する特殊の関係のある個人又は法人をいう。以下同じ）の有する議決権の合計数がその会社の議決権総数の30％以上（その評価会社の株主のうち、株主の1人及びその同族関係者の有する議決権の合計数が最も多いグループの有する議決権の合計額が、その会社の議決権総数の50％超である会社にあっては、50％超）である場合におけるその株主及びその同族関係者をいう。

（2）中心的な同族株主のいる会社の株主のうち、中心的な同族株主以外の同族株主で、その者の株式取得後の議決権の数がその会社の議決権総数の5％未満であるもの（課税時期において評価会社の役員（社長、理事長並びに法人税法施行令第71条第1項第1号、第2号及び第4号に掲げる者をいう。）である者及び課税時期の翌日から法定申告期限までの間に役員となるものを除く。）の取得した株式

この場合における「中心的な同族株主」とは、課税時期において同族株主1人並びにその株主の配偶者、直系血族、兄弟姉妹及び1親等の姻族（これらのものの同族関係者である会社のうち、これらの者が有する議決権の合計数がその会社の議決権総数の25％以上である会社を含む。）の有する議決権の合計数がその会社の議決権総数の25％以上である場合におけるその株主をいう。
（3）同族株主のいない会社の株主のうち、課税時期において株主の1人及びその同族関係者の有する議決権の合計数が、その会社の議決権総数の15％未満である場合におけるその株主の取得した株式
（4）中心的な株主がおり、かつ、同族株主のいない会社の株主のうち、課税時期において株主の1人及びその同族関係者の有する議決権の合計数がその会社の議決権総数の15％以上である場合におけるその株主で、その者の株式取得後の議決権の数がその会社の議決権総数の5％未満であるもの（（2）の役員である者及び役員となるものを除く。）の取得した株式
　この場合における「中心的株主」とは、課税時期において株主の1人及びその同族関係者の有する議決権の合計数がその会社の議決権総数の15％以上である株主グループのうち、いずれかのグループに単独でその会社の議決権総数の10％以上の議決権を有している株主がいる場合におけるその株主をいう。

＜財産評価基本通達188-2《同族株主以外の株主等が取得した株式》＞
　前項の株式の価額は、その株式に係る年配当金額（183《評価会社の1株当たりの配当金額の計算》の（1）に定める1株当たりの配当金額をいう。ただし、その金額が2円50銭未満の者及び無配のものにあっては2円50銭とする。）を基として、次の算式により計算した金額によって評価する。ただし、その金額がその株式を179《取引相場のない株式

の評価の原則》の定めにより評価するするものとして計算した金額を超える場合には、179《取引相場のない株式の評価の原則》の定めにより計算した金額によって評価する。

$$\frac{その株式に係る年配当金額}{10\%} \times \frac{その株式の1株当たりの資本金等の額}{50円}$$

(注) 上記算式の「その株式に係る年配当金額」は、1株当たりの資本金等の額を50円とした場合の金額であるので、算式中において、評価会社の直前期末における1株当たりの資本金等の額の50円に対する倍数を乗じて評価額を計算することとしていることに留意する。

1 規定の概要

中小企業のオーナー社長等に相続等が発生した場合に問題となる非上場株式（取引相場のない株式）については、上場株式等とは異なり、通常の市場価格がないため、その評価に当たっては一定の算定方法が必要となる。

また、その算定方法を定めるに当たっては、次に掲げるような非上場株式の特殊性も考慮する必要がある。

1 ●取引の非市場性

非上場株式の第一の特徴は、市場性がないことである。

つまり、非上場株式には証券取引所のように売買が行われる市場がないことから、現実の売買はすべて相対であり、当事者が直接交渉して行うことになる。

その売買の当事者は、親子兄弟等の親族であったり、取引先関係であったり、いずれも特定の人であって、上場株式のように不特定多数ではないケースがほとんどである。

したがって、そこにおいて形成された評価はその場限りのもので

あって、広く市場性を有するものではない。

また、非上場会社の大半は、法制上又は定款上、株式等の譲渡制限に関する規定を設けており、他にその株式等を売却することが容易ではなく、その換金性は著しく制限されている。

2 ●取引の非継続性

非上場株式は、上場株式と異なり反復継続して取引が行われるものではない。

上場株式は、証券取引所において、おおむね毎日取引が行われており、そこにおいては株価に影響を与える諸要因が一貫して株式評価に影響する。

特に経営成績・財務データなどの基礎要因のみならず政治や経済など会社を取り巻く環境の変動要因も絶えず株価に影響を与えている。

これに対して、非上場株式は取引がいつもあるわけではないため、取引の都度その評価を行うことになる。

3 ●保有目的の相違性

上場株式を証券市場で売買する者の大半は、利殖目的でそれらを取得又は売却しており、それらの者が期待しているのは、株価の値上がりと配当である。

これに対し、非上場株式の場合は経営への参加を目的にしているケースがほとんどだと考えられる（少数株主を除く。）。

それらの者が目的としているのは、自ら経営に参加して、その会社をより発展させることによって得られる総合的な経済的利益であるといえる。

その中には配当もあれば、経営者として得る役員給与もあり、また名声や精神的な優位性もあるかもしれない。

したがって、その価額についても利殖目的の場合とは違った視点で評価を行うことになる。

つまり、評価の基本となるのは、利殖目的の場合には配当利回りが中心となるであろうし、経営参加を目的とする場合には会社の収益力や時価ベースの純資産価額などが中心になると考えられる。

4 ●経営安定性の欠如

非上場会社では、経営者の能力が会社の業績に与える影響が大きく、上場会社と比べるとその組織が充分に整備されていないことが多いため、経営者の交代によって会社の盛衰が顕著に表れることも少なくない。

また、非上場会社の中には、下請けなどを行い親会社の影響下にあり実質的にその支配を受けているものも少なからずある。

そのため、親会社の方針の変更や業績等の影響を受けやすく、経営が安定しないという特徴がある。

5 ●評価の困難性

上場会社の場合、株式の評価はその株価が新聞等に毎日発表されることから、その把握は比較的容易であるが、非上場会社の場合には資産の評価一つをとっても、かなりの労力を要することになる。

特に財務諸表に表示されている金額が、そのまま時価を顕わす部分は一部の金融資産等や債務等に限られ、また財務諸表に表示されない人的要素や、いわゆる退職給付債務に相当する簿外負債の存在などもあるため、現実にその会社の適正な時価を把握するのは不可能であると思われる。

これらの事情を踏まえたうえで、現行法の財産評価評価通達においては、取引相場のない株式の評価について次のように規定している。

2 形式基準の内容～評価方法の体系

株式取得者の持株数及び会社の資産状況により判定する。

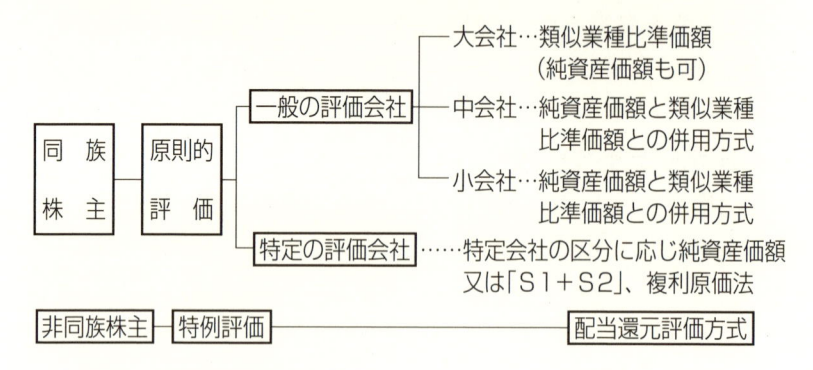

```
                                ┌─ 大会社…類似業種比準価額
                                │         （純資産価額も可）
             ┌─ 一般の評価会社 ─┼─ 中会社…純資産価額と類似業種
             │                  │         比準価額との併用方式
同族  原則的 ┤                  └─ 小会社…純資産価額と類似業種
株主  評　価 │                            比準価額との併用方式
             │
             └─ 特定の評価会社 …… 特定会社の区分に応じ純資産価額
                                    又は「S1＋S2」、複利原価法

非同族株主 ─ 特例評価 ──────────── 配当還元評価方式
```

1 ●類似業種比準価額方式

$$\text{類似業種比準価額方式} = A \times \frac{\dfrac{Ⓑ(\text{配当比準値})}{B} + \dfrac{Ⓒ(\text{利益比準値})}{C} \times 3 + \dfrac{Ⓓ(\text{純資産比準値})}{D}}{5} \times \text{斟酌率}$$

Ⓑ、Ⓒ、Ⓓの金額は、1株当たりの資本金等の額を50円とした場合の金額として計算する。

（注1）斟酌率は、大法人＝0.7、中会社＝0.6、小会社＝0.5となる。

A＝類似業種の株価（課税時期の属する月以前3か月間又は前年の平均株価のうち最も低いもの）
B＝類似業種の1株当たりの配当金額
C＝類似業種の1株当たりの年利益金額
D＝類似業種の1株当たりの純資産価額
Ⓑ＝評価会社の直前期末における1株当たりの配当金額
Ⓒ＝評価会社の直前期末以前1年間（又は選択によって直前2年間の平均値）における類似業種の1株当たりの利益金額
Ⓓ＝評価会社の直前期末における1株当たりの純資産価額

●適用上の留意点
　○類似会社の選択……複数の業種を兼業するケース
　　直前期の取引額がすべて50％未満の場合⇒評基通181－2
　○課税時期が期末直前のケース（評価会社の計算要素の適用）
　　類似会社の比準要素との関係⇒標本会社である上場会社の前年10月31日以前に終了した直近1年間の事業年度の数値を業種目ごとに計算したもの

2 ●純資産価額方式

$$\text{1株当たりの純資産価額} = \frac{\text{総資産価額（相続税評価額によって評価した金額）} - \text{負債の合計額} - \text{評価差額に対する法人税等相当額}^{(注1)}}{\text{課税時期における発行済み株式総数}}$$

(注1) 評価差額に対する法人税等相当額
　　　＝（相続税評価額による純資産価額－帳簿価額による純資産価額）×40％（ただし、平成27年4月1日以後の相続等については38％）

(注2) 評価会社が取引相場のない株式（非上場株式）を所有しているケースで、その評価会社の株式の評価額を計算する場合には、その所有する非上場株式の純資産価額については評価差額に対する法人税等相当額を控除しないところで行う。

(注3) 純資産価額は、課税時期において仮決算を行うのが原則であるが、課税時期における資産及び負債が明らかでないときで、直前期末から課税時期までの間に資産・負債について変動がないと認められるときは、直前期末の資産及び負債で計算しても差し支えないこととされている。
　　　また、課税時期が期末直後に近いケースについては、直後の期末の数値のほうが実態の数値に近いことから、その数値を選択することもできる。

(注4) 評価会社が自己株式を有している場合には、その自己株式に係

る議決権数は0として計算した議決権の数をもって、評価会社の議決権総数となる。

3 ●配当還元方式（特例評価方式）

同族株主のうち、株式所有割合が5％未満の経営支配権のない株主及び役員以外の従業員株主、同族株主以外の株主に適用する。

$$\text{1株当たりの配当還元金額} = \frac{\text{その株式に係る年配当金額}}{10\%} \times \frac{\text{その株式1株当たりの資本金額}}{50円}$$

（注）年配当金額は、直前期末以前の2年間の平均額とする。
　　　また、1株当たり資本金額50円当たり2円50銭（5％）未満又は無配のときは、2円50銭の配当があったものとする（年配当10％の場合に1株当たりの資本金額となる。）。

●同族株主がいる場合の評価方式の判定

同族株主(注1)がいる場合には、株式を取得する株主の立場によって、原則評価方式によらなければならないケースと特例評価方式（配当還元方式）によって評価できるケースとがある。

具体的に、次のいずれかに該当する場合には、特例評価方式によることができ、該当しない場合には原則評価方法ということになる。

① 同族株主のいる会社のケースで、同族株主以外が取得した株式
② 中心的な同族株主(注2)のいる会社のケースで、中心的な同族株式以外の同族株主で、その者の取得後の株式数がその会社の発行済み株式数の5％未満であり、かつ、課税時期において評価会社の役員（社長、理事長並びに法人税法施行令71条1項及び3項に掲げるものをいう。）でない者及び課税時期の翌日から法定申告期限までの間に役員とならない者の取得した株式

これを表にすると次のようになる。

株主の態様				評価方式
同族株主	持株割合が5％以上の株主			原則的評価方式
	持株割合が5％未満の株主	中心的な同族株主がいない場合		
		中心的な同族株主がいる場合	中心的な同族株主	
			役員である株主等	
			その他の株主	配当還元評価方式
同族株主以外の株主				

（注1）同族株主とは

　　課税時期における評価会社の株主のうち、株主の1人及びその同族関係者（法人税法施行令4条に規定する特殊関係のある個人又は法人をいう。以下同じ。）の有する議決権の合計数がその会社の議決権総数の30％以上である場合におけるその株主及びその同族関係者をいう。

　　なお、この場合において、その評価会社の株主のうち、株主の1人及びその同族関係者の有する株式の合計数が最も多いグループの有する株式の合計数が、その会社の発行済株式総数の50％超である会社にあっては、その50％超の株主及びその同族関係者をいう。

（注2）中心的な同族株主とは

　　課税時期において、同族株主の1人並びにその株主の配偶者、直系血族、兄弟姉妹及び1親等の姻族（これらの者の同族関係者である会社のうち、これらの者が有する議決権の合計数がその会社の議決権総数の25％以上である会社を含みます。）の有する議決権の合計数がその会社の議決権総数の25％以上である場合におけるその株主をいう。

3 実務上のトラブルの原因

2において、取引相場のない株式の評価については、大きく分けて原則評価方式（純資産価額・類似業種比準価額をベースとしたもの）と特例方式（配当還元方式）があることを説明したが、一般的に特例評価方式における評価額は原則評価方式による評価額よりもかなり低くなることが多い。

そのため、あえて配当還元方式により評価ができるような状況を作り出すことによって問題となるケースが散見される。

【財産評価通達を画一的に適用することが著しく不適当と認められる特別の事情があるとして、同族会社の保有する非上場株式を配当還元方式ではなく、類似業種比準方式で評価すべきであるとされた事例（東京高裁平成17年1月19日判決（棄却）：TAINS Z255-09900)】

被相続人が、保有していた自分自身が代表者を務めるA株式会社の株式を時価を下回る低額で現物出資することによりB有限会社を設立し、その後、同有限会社の出資口の52％相当分をA株式会社の取引先に売却した後、その8日後に同被相続人が死亡したため発生した相続について、相続人である原告らが、B有限会社が保有するA株式の評価額を配当還元方式で評価して純資産価額の評価額を算定した上、その評価額と帳簿価額との差額の評価差額に対する51％相当の法人税等に相当する金額を控除してB有限会社の出資を評価して申告したところ、被告（国）が、同有限会社が保有する資産のうち、A株式の評価額を類似業種比準方式で評価して純資産価額の評価を算出した上、これから評価差額に対する法人税等を控除せずにB有限会社の出資の評価額を算出するなどして、更正処分を行ったことについて取消しを求めた事例である。

なおこの事例は、課税庁が財産評価基本通達によらず株式等を評

価したことが、平等の原則及び財産評価基本通達6（この通達の定めにより難い場合の評価）に違反するとの納税者の主張については、同通達は相続財産の評価の基本的な方針を定めるのであるが、法令ではなく、また個別の相続財産の評価は、その価額に影響を与える事情を考慮して行われるべきものであるから、同通達による評価方法が不合理な場合は、他の合理的方法により評価を行うことができるものと解すべきであり、同通達を形式的に適用したのでは、相続財産の価額が不当に減少し、相続税負担の実質的公平を損なうことが明らかな場合には、同通達によらずに相続財産を評価することが許されるというべきであること、及び同通達6の「国税庁長官の指示」は行政組織内部における指示、監督に関するものであり、この規定に反することが直ちに国民の権利、利益に不利益を与えるものとはいえないから、その支持の有無によって更正処分の効力が影響を受けるものとは解されないとして排斥されたものである。

また、次のような事例も起きている。

【「ミキトラベル」創業者相続に関する海外非上場株式の評価の事例（平成22年8月4日朝日新聞）】

欧州を中心に展開する旅行代理店「ミキトラベル」の創業者の相続に当たり、相続された株式の評価額を不正に引き下げる方法で脱税したとして、被相続人の妻と関与税理士が東京地検に告発された事例。

相続時に、被相続人は同社の発行済み株式を30％以上所有していたが、生前にその一部を関与税理士に譲渡していたと偽装し、特例評価方式である配当還元方式により評価を行い、原則評価額で約13億円の評価額を、特例評価額の約2億円として申告していた。

4 トラブルを招かない実務上の留意点・問題点

 2でも説明したように、非上場株式は、その法人を支配する者にとっては大変価値のあるものであるが、そうでない者にとっては、あまり価値のないものであることが多く、その立場によって大きく価値が変わるという性格を持っている。

 そして非上場株式については、相続・贈与のケースのみならず、売買のケースなどにおいても税務上の評価額が問題となるのであるが、実際には財産評価基本通達による評価額を基準にその評価額が定められているのが実情である。

 確かに財産評価基本通達は、税務上一般的に普及した評価方法であるが、その中で定められている方法は適正なのか、また租税法律主義の見地から通達による行政が問題ないのか、さらに相続・贈与によるケースは別として、売買によるケースであってもそれに従わなければならないのかなど、いくつかの問題点があるのではないかと思われる。

 なお、現行法における財産評価基本通達による評価方法の問題点について、具体的にそのいくつかを示すと、次のようなものがある。

1 ●租税法律主義における財産評価通達の位置付け

 租税法律主義における課税要件法定主義・課税要件明確主義の立場からして、相続税・贈与税の課税ベースとなる評価基準のほとんどが、財産評価基本通達によって規定されていることについて、問題はないのか。

(参考)

 「…税務通達は、行政組織の内部においては法的拘束力を有しても、租税法の法源になりえないということで、納税者に対して法律上の問題は生じさせないかというと、必ずしもそうとはいえない場合が生じる。

もちろん、税務通達が法律上の課税要件よりも納税者に対して厳しい課税要件を定めてそれに基づく課税処分が行われた場合には、租税法律主義の趣旨から、当該課税処分が違法なものとして取り扱われるのは当然のことであるが、むしろ、税務通達が法律上の課税要件よりも納税者に対して有利な取扱い（これを一般に緩和通達という。）を定めたときに、種々の法律問題が生じることになる。
　このような緩和通達は、租税法律主義の内容の１つである合法性の原則からみて税務官庁の一存で定めることは違法であるとすべき見解も見受けられるが、一般的には、その通達の内容が税務執行において実施され、納税者においてその取扱いが異議なく受理され、その内容において合理性を有する場合には、租税法律主義の枠内で許容されると解されている。」（京都地裁昭和61年８月８日判決等参照）
　また、法人税・所得税の中でも、最低でも政令レベルではその評価に関する具体的な内容・方法を示すべきでないか。

2 ●原則評価方式と特例評価方式の区分

　評価方法の適用について、現行の取扱いは同族株主グループの判定は法人税法施行令４条（同族関係者の範囲）に規定する特殊関係にある個人又は法人を含めて行うことにしているが、実際には同族グループの中においても会社の経営に携わっている者と完全に会社経営から離れている者がいることを考えると、それらが同様の評価でよいのかという疑問が生じる。
　したがって、例えば同族株主グループの中でも役員・みなし役員など会社の経営に携わる者とそれ以外のものとを区分することも必要ではないかと考える。
　結果的に、特例評価である配当還元価額方式の適用対象者をもっと拡大してもよいのではないだろうか。

第3章 相続税関係の形式基準の問題点とその対応

【設例】
次のケースにおいてE氏の相続開始に伴い、非上場株式である甲社の株式の評価⇒現行法による評価額が適正か。

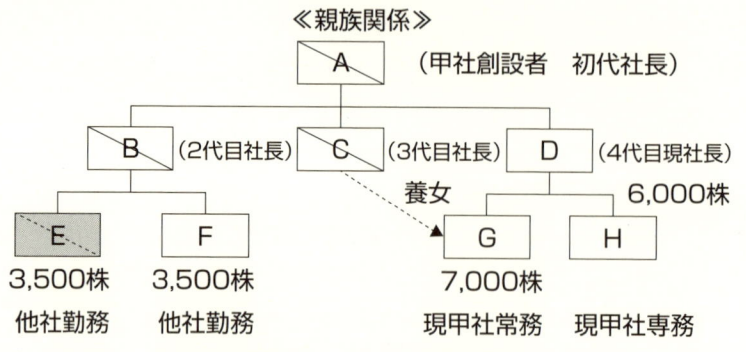

≪親族関係≫

```
              A   (甲社創設者　初代社長)
        ┌─────┼──────┐
        B         C          D   (4代目現社長)
    (2代目社長)(3代目社長)    6,000株
    ┌───┴───┐      養女  ┌───┴───┐
    E       F     ▶ G           H
  3,500株  3,500株   7,000株
  他社勤務 他社勤務  現甲社常務  現甲社専務
```

① 甲社は、金属製品製造業・不動産賃貸業を営んでおり、年間売上は10～12億円である。なお、議決権総数は20,000個（期末資本金額1億円）であり、すべて一族で所有している。
② 2代目社長B氏は、昭和50年代に社長に就任したが、経営能力に問題があり解任された。
③ B家とD家は、②の解任以降は敵対関係にあるため、B家が甲社の財務諸表等の資料を入手することは現実的に不可能な状態である。

本設例においては、E氏の親族はDグループと敵対関係にあり、甲社の財務内容及び経営状況を一切知ることができない（申告書及び財務諸表を入手できない）状態にあることから、原則評価方式による株価の計算は不可能であるということである。

このようなケースは決して珍しいことではなく、特に兄弟が共に役員となっている場合には、両者の経営方針が異なることの方が多いのではないかと思われる。そのような場合であっても、一方が経営から退くなどして株式の譲渡まで行われていればよいのであるが、経営から離れても株式を所有しているケースでは、上記設例と同様の状況になるのである。

したがって、たとえ親族であったとしても、完全に経営から離れているケースで株式所有者の評価をする場合には、むしろ原則評価ではなく特例評価である配当還元方式による方が適しているのではないかと考える。

3 ●類似業種比準価額の必要性

現行法における評価方式（原則法）は、会社の規模等により類似業種比準価額方式と純資産価額方式の折衷方式となっており、そのうち類似業種比準価額は、同業種である上場会社の平均株価をベースに、比準要素である同上場会社等の平均値及び評価会社の利益・配当・純資産の数値を加味して計算されることとなっている。

仮に、同業種であっても、上場会社と中小企業とでは財務内容及び経営状況が大幅に異なり、現行法による算式に大きな意味があるかどうかは疑問である。

4 ●純資産価額の適正化

相続及び事業承継による贈与による場合の評価は、相続という偶然性を考えた場合、課税上の安全性や公平性を第一に考えなければならないことから、一つの割り切った方法である現行の財産評価基本通達（又はそれに準ずるもの）が基本になると思われる。

ただし、純資産価額方式については貸借対照表による帳簿価額をベースにしているものの、一部の資産・負債を除いては、現実の時価とは異なった金額であり、また未実現の担税力を伴うものでない特殊性があることから、現行の評価差益に対する法人税等相当額を控除する方式よりも、例えば下記の相続税評価額をベースにした純資産価額に一定割合を乗じた金額という方法は考えられないだろうか。

【例】
　○金融資産…額面評価
　○売掛債権…回収可能性の問題もあるため、60〜80％評価
　○固定資産…建　　物　　固定資産税評価額×50％
　（土地以外）機械装置　　固定資産税評価額×30％
　　　　　　　車両運搬具　下取り見込額
　　　　　　　その他　　　原則評価なし　　　　など

02 事業承継税制
～非上場株式等についての相続税の納税猶予の適用要件

問題の所在

○ 現行の事業承継税制の適用要件は適正か。

関係条文等

＜租税特別措置法70条の7の2第1、2項《非上場株式等についての相続税の納税猶予及び免除》＞

　認定承継会社の代表権を有していた個人として政令で定める者（以下「被相続人」という。）から相続又は遺贈により当該認定承継会社の非上場株式の取得をした経営承継相続人等が、当該相続に係る相続税法第27条第1項の規定による申告書（当該申告書の提出期限前に提出するものに限る。以下「相続税の申告書」という。）の提出により納付すべき相続税の額のうち、当該非上場株式等で当該相続税の申告書にこの項の規定の適用を受けようとする旨の記載があるもの（当該相続の開始の時における当該認定承継会社の発行済株式又は出資（議決権に制限のない株式等に限る。）の総数又は総額の3分の2に達するまでの部分として政令で定めるものに限る。以下「特例非上場株式等」という。）に係る納税猶予分の相続税額に相当する相続税については、政令で定めるところにより当該相続税の申告書の提出期限までに当該納税猶予分の相続税額に相当する担保を提供した場合に限り、同法第33条の規定にかかわらず、当該経営承継相続人等の死亡の日まで、その納税を猶予する。

2　この条において、次の各号に掲げる用語の意義は、当該各号に定めるところによる。

一　認定承継会社　中小企業における経営の承継の円滑化に関する

法律第2条に規定する中小企業のうち経済産業大臣認定を受けた会社で、前項の規定の適用に係る相続の開始の時において、次に掲げる要件の全てを満たすものをいう。
　イ　当該会社の常時使用従業員（常時使用する従業員として財務省令で定める者をいう。）の数が1人以上であること。
　ロ　当該会社が、資産保有型会社又は資産運用型会社のうち政令で定めるものに該当しないこと。
　ハ　当該会社の株式等及び特別関係会社のうち当該会社と密接な関係を有する会社として政令で定める会社（以下「特定特別関係会社」という。）の株式等が、非上場株式等に該当すること。
　ニ　当該会社及び特定特別関係会社が、風俗営業会社に該当しないこと。
　ホ　当該会社の特別関係会社が会社法第2条第2号に規定する外国法人に該当する場合にあっては、当該会社の常時使用従業員の数が5人以上であること。
　ヘ　イからホまでの掲げるもののほか、会社の円滑な事業の運営を確保するために必要とされる要件として政令で定めるものを備えているものであること。
二　非上場株式等　（略）
三　経営承継相続人等　被相続人から前項の規定の適用に係る相続又は遺贈により認定承継会社の非上場株式等を取得した個人で、次に掲げる要件の全てを満たす者（その者が二以上ある場合には、政令で定めるところにより当該認定承継会社が定めた一の者に限る。）をいう。
　イ　当該個人が、当該相続の開始の直前において、当該相続人の親族であること。
　ロ　当該個人が、当該相続の開始の日の翌日から5月を経過する日において、当該認定承継会社の代表権を有していること。
　ハ　当該相続開始の時において、当該個人及び当該個人と政令で

定める特別の関係がある者の有する当該認定承継会社の非上場株式等に係る議決権の数の合計が、当該認定承継会社に係る総株主等議決権数の100分の50を超える数であること。
ニ　当該相続の開始の時において、当該個人が有する当該認定承継会社の非上場株式等に係る議決権の数が、当該個人とハに規定する政令で定める特別の関係がある者のうちいずれの者が有する当該認定承継会社の非上場株式等に係る議決権の数をも下回らないこと。
ホ　当該個人が、当該相続の開始の時から当該相続に係る相続税の申告書の提出期限（当該提出期限前に当該個人が死亡した場合には、その死亡の日）までに引き続き当該相続又は遺贈により取得をした当該認定承継会社の特例非上場株式の全てを有していること。
ヘ　当該個人が、当該認定承継会社の経営を確実に承継すると認めらる要件として財務省令で定めるものを満たしていること。

四～九　（略）

＜中小企業における経営の承継の円滑化に関する法律施行規則6条1項8号リ《法12条第1項の経済産業省令で定める事由》＞
　法第12条第1項第1号の経済産業省令で定める事由は、中小企業の代表者（代表者であった者を含む。）の死亡又は退任に起因する経営の承継に伴い生じる事由であって、次に掲げるものとする。

一～七　（略）
八　当該中小企業者が次に掲げるいずれにも該当する場合であって、当該中小企業者の代表者（当該代表者の被相続人（遺贈した者を含む。）の相続の開始の日の翌日から5月を経過する日以後において代表者である者に限る。）が相続又は遺贈により取得した当該中小企業者の株式等に係る相続税を納付することが見込まれること。

イ～チ　（略）
　リ　相続認定申請基準日における当該中小企業者の常時使用する従業員の数が当該相続の開始の時における常時使用する従業員に100分の80を乗じて計算した数（その数に１未満の端数があるときは、その端数を切り上げた数）を下回らないこと。

1　規定の概要

　中小企業の事業承継対策については、特に後継者及び自社株の評価による税負担を中心に問題視されていたが、平成20年10月から施行されている「中小企業における経営の承継の円滑化に関する法律」を受けて、税制面からも事業承継に伴う自社株に係る相続税（及び贈与税）について納税猶予制度を認めることとしている。

2　形式基準の内容～事業承継税制の概要

1 ●制度の概要（措法70の７の２）

　経営承継相続人等（後継者）が、認定承継会社の代表権を有していた一定の者（被相続人となる旧経営者）から相続又は遺贈により非上場株式等の取得をした場合において、相続税の申告書に納税猶予の規定の適用を受けようとする旨の記載があるときは、その発行済株式等の総数等の３分の２に達するまでの部分を限度として一定のもの（特例適用株式等）に係る納税猶予分の相続税額に相当する相続税（取得した自社株評価額の80％相当額）については、その相続税の申告書の提出期限までに、納税猶予分の相続税額に相当する担保を提供した場合に限り、経営承継相続人等の死亡の日まで、その納税を猶予するというものである。
（注）本規定の対象となる株式は、議決権に制限のない株式等に限る。

● 中小企業基本法における中小企業の範囲

　次の資本金の額又は従業員の数のいずれかを満たすものをいう（複数の業種を営む場合には、主たる事業で判定する。）。

	資本金の額	従業員の数
卸　売　業	1億円以下	100人以下
小　売　業	5,000万円以下	50人以下
ソフトウエア・情報処理・サービス業	3億円以下	300人以下
旅　館　業	5,000万円以下	200人以下
ゴム製品製造業（自動車又は航空機用タイヤ及びチューブ製造業並びに工業用ベルト製造業を除く）	3億円以下	900人以下
上記以外の製造業・建設業・運輸業その他の業種	3億円以下	300人以下

2 ● 適用対象のケース

① イメージ図

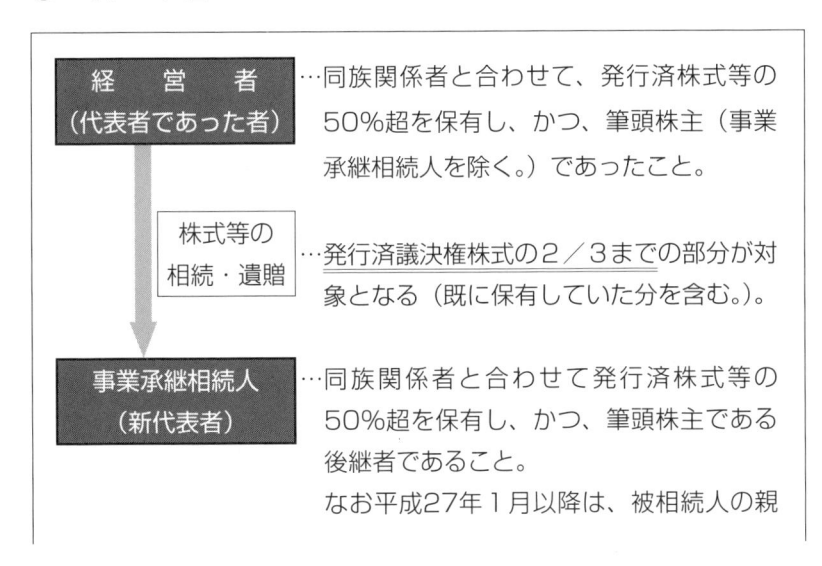

経営者（代表者であった者）
　…同族関係者と合わせて、発行済株式等の50％超を保有し、かつ、筆頭株主（事業承継相続人を除く。）であったこと。

株式等の相続・遺贈
　…発行済議決権株式の2／3までの部分が対象となる（既に保有していた分を含む。）。

事業承継相続人（新代表者）
　…同族関係者と合わせて発行済株式等の50％超を保有し、かつ、筆頭株主である後継者であること。
　なお平成27年1月以降は、被相続人の親

> 族である必要はなく、他に代表者がいてもよい。
>
> つまり、例えば被相続人の娘婿等に対して遺言により自社株を遺贈するケースについても、他の要件を満たすことにより特例の適用対象となる。

（注１）被相続人の要件（措令40の8の2）

　本規定の適用を受ける場合、被相続人は、相続開始前において、認定承継会社の代表権（制限が加えられた代表権を除く。）を有していた個人で、次に掲げる要件をすべて満たす必要がある。

　㋑　相続開始の直前（その者が相続開始直前において、認定承継会社の代表権を有しない場合には、代表権を有していた期間内のいずれかの時及び当該相続開始の直前）において、その者及び同族関係者の有する認定承継会社に係る議決権の合計数が総議決権総数の50％超であること。

　㋺　相続開始の直前（その者が相続開始直前において、認定承継会社の代表権を有しない場合には、代表権を有していた期間内のいずれかの時及び当該相続開始の直前）において、その者が有する認定承継会社に係る議決権の数が、同族関係者（経営承継相続人等となる者を除く。）のうち、いずれの者が有する議決権の数をも下回らないこと。

（注２）経営承継相続人等（後継者）の要件（措法70の7の2②三）

　本規定の適用を受ける場合、経営承継相続人は、被相続人から、相続又は遺贈により認定承継会社の非上場株式等を取得した個人で、次に掲げる要件のすべてを満たす者（その者が2人いる場合には、認定承継会社が定めた1人に限る。）である必要がある。

　㋑　相続開始の日から5か月を経過する日において、その認定承継会社の代表権を有していること。

　㋺　相続開始時において、その者及びその者の同族関係者の有する議

決権の数が、総議決権総数の50％超であること。
    ㈹　相続開始時において、その者が有する認定承継会社の議決権の数が、同族関係者のうち、いずれものが有する議決権の数も下回らないこと（筆頭株主であること。）。
  ㈡　その者が、相続開始時からその相続に係る相続税の申告期限（提出期限前にその者が死亡した場合には、その死亡の日）まで引き続き、相続等により取得した認定承継会社の株式等のすべてを有していること。
  ㈢　その者が、その認定承継会社の経営を確実に承継すると認められる要件として、財務省令で定める一定の要件を満たしていること。

② **適用対象となる会社**

　本制度の対象となる法人は、円滑化法における経済産業大臣の認定を受けた一定の中小企業者であるが、個人資産の管理等を行う法人の利用等による租税回避行為を防止する趣旨から、下記の㈦資産管理会社等は除外される。
  ㈠　非上場の中小同族会社であること。
  ㈡　計画的な承継に係る取組みが行われてきたこと。
  ㈢　資産管理会社等でないこと。

　経済産業大臣の認定の対象外となる資産管理会社等には、次のものが該当する。

┌─＜資産管理会社等の範囲＞──────────────────
│（a）経営承継法の中小企業者に該当しない会社（上場会社、大企業、医療法人、税理士法人など）
│（b）風俗関連事業（風営法の性風俗関連特殊営業）を行う会社
│（c）認定贈与承継会社の資産状況を確認する期間として一定の期間内のいずれかの日において、次の割合が100の70以上となる会社（以下「資産保有型会社」という。）

225

$$\frac{剰余金の配当等の額}{資産の帳簿価額の総額＋剰余金の配当等の額} \geqq \frac{70}{100}$$

〔剰余金の配当等の額〕

その日以前5年以内において、経営承継受贈者及び特別の関係がある者が会社から受けた剰余金の配当等の額その他会社から受けた金額として一定のものの合計額

(d) 資産の運用状況を確認する一定の期間内のいずれかの事業年度における下記金額の割合が75%以上の会社（以下「資産運用型会社」という。）

$$\frac{特定資産の運用収入の合計額}{総収入金額} \geqq \frac{75}{100}$$

〔特定資産〕

現金、預貯金、不動産（自己が使用するものを除く）その他これらに類する資産として一定のものをいう。

(e) 直前期の総収入金額がゼロの会社
(f) 常時使用する従業員の数がゼロの会社
(g) いわゆる黄金株（拒否権付き株式）を発行する会社で、代表者以外の者がその黄金株を所有している会社

＜資産保有型会社等の適用除外のケース＞

次のいずれにも該当するときは、資産保有型会社及び資産運用型会社に該当しないものとみなす。

(a) 被相続人の死亡の日において、**3年以上継続**して行っていること。
(b) 事務所、店舗、工場その他の固定施設を所有し、又は賃借していること。
(c) 常時使用する**従業員の数が5人以上**であること（親族である役員を除く。）。
(d) 自己の名義をもって、かつ、自己の計算において次のかっこ

> 内のいずれかの行為（商品の販売等、広告等による商品販売等に関する契約の申込み又は締結の勧誘、商品販売等のための市場調査、行政機関の許認可等の申請又は権利の保有、商品販売等を行うために必要となる資産の所有又は賃借など）をしていること。

3 ●納税猶予額の免除のケース

　事業承継相続人が、納税猶予の対象となった株式等を死亡時まで保有を継続したケースのほか、経済産業大臣の認定有効期間（5年間）経過後に次の要件を満たす場合には、その猶予税額の納税が免除される。

> ㋑　特例適用株式等に係る会社について、破産手続の開始又は特別清算の開始命令があった場合
> ㋺　贈与税の納税猶予制度の適用を受ける後継者へ特例適用株式等を一括贈与した場合
> ㋩　同族関係者以外の者へ、保有する特例適用株式等を一括して譲渡した場合において、その譲渡対価又は譲渡時の時価のいずれか高い額が猶予税額を下回る場合の、その差額相当分

　なお、㋑及び㋩の場合において免除される額のうち、過去5年間に経営承継相続人及びその者と生計を一にする者に対して支払われた配当及び過大役員給与等に相当する額については免除しない。

4 ●納税猶予税額の全額納付のケース

　事業承継相続人が、相続税の法定申告期限から5年の間（事業継続期間内）に代表者でなくなるなど、「**事業継続要件**」を満たさないこととなった場合には、その時点において猶予税額の全額とそれ

に係る利子税を合せて納付する必要がある。

<「事業継続要件」とは>
⇒事業継続期間（5年間）にわたって…
　○代表者であり続けること。
　○雇用者の8割以上を維持すること。
　○相続した株式等を継続保有すること。

　納税猶予の適用を受けるためには、認定を受けた日から5年間、毎年1回一定の事項（代表者の氏名、常時使用する従業員の数(注)、株主構成、適用対象外会社に該当しないことなど）を記載した書類を経済産業大臣に提出しなければならない。
(注1)「常時使用する従業員の数」について
　　雇用状況を把握する「常時使用する従業員の数」は、厚生年金保険及び健康保険の加入者をベースに算定する。つまり、パートタイマーなどの非正規社員は除外して計算することになる。
　　また、雇用の問題を重要視しているため、役員以外の従業員ということになる。
　　なお、この特例を受けるためには、原則として納税猶予の対象となった株式の全部を担保に供する必要がある。
(注2) 平成27年1月1日以後は、雇用の8割以上を「5年間継続」の要件が、「5年間の平均」に緩和されている。

　この他、経済産業大臣が認定を取り消すケースとしては、次のものがある。

㋐　上記**報告義務を行ったケース、事業承継者が代表者でなくなったケース、「常時使用する従業員の数」が起算日**（原則として、相続開始時）**における従業員数の8割を下回ったケース**
　（例外）不慮の事故により代表者を務められなくなることもある

　　　　ため、身体障害者手帳の交付を受けた場合などには、代表
　　　　者を退任しても大臣認定が継続する。
　　㊁　該当会社が経済産業大臣の**認定対象外会社に該当することに
　　　なったケース**（ただし、大会社に成長したケースは除く。）
　　㊂　対象会社の株式を譲渡又は贈与したことにより、**持株要件比率**
　　　（後継者と同族関係者とで発行済み議決権の50％超を有し、かつ、
　　　後継者が同族内で筆頭株主であること）を満たさなくなったケー
　　　スなど

＜認定取消しの例外＞

①　組織再編を行った場合には、㋑代表者を継続、㋺雇用の８割
　を維持、㋩持分比率要件を充足する、場合については認定を継
　続する。ただし、後継者本人に分割等による対価（株式等）が
　交付されたときは、認定取消しとなる。
②　吸収合併、新設合併、株式交換又は株式移転により、大臣認
　定を受けた会社が消滅する場合等であっても、組織再編に係る
　相手方の会社が上記㋑〜㋩の要件を満たし、かつ、後継者が当
　該会社の株式等以外の対価を受け取っていない場合には、認定
　を承継させ、継続する。

5 ●納税猶予額の一部納付のケース

　事業継続期間（相続税の法定申告期限から５年間）経過後におい
て、納税猶予の対象となった株式等を譲渡等した場合には、その時
点で、納税猶予の対象株式のうち譲渡株式に対応する部分の税額を、
利子税と合わせて納付する必要がある。

6 ●納税猶予制度の要件緩和（平成27年度税制改正項目）
① 改正の趣旨
　中小企業経営者の高齢化が進んでおり、日本を支える中小企業の

事業承継の円滑化は喫緊の課題である。さらに改正前の規定では、贈与税において事業承継の適用を受けた後、先代が存命中に、2代目が3代目に引き継ぐ場合には、2代目が猶予されていた贈与税に納税義務が生じることになり、3代目に承継することができなくなってしまう。

このことが早い段階での承継（代替わり）を阻害しているともいわれている。

また経営（贈与）承継期間（納税猶予当初の5年間）内に経営承継者が身体障害等の理由で代表者でなくなった場合においても、相続税や贈与税の納税猶予が終わり納税義務が生じることになる。

そこで先代が存命中に、2代目が3代目に引き継ぐ場合には、2代目が猶予されていた贈与税に納税義務が生じないようにすることにより、早い段階での承継を可能にする目的、及びやむを得ない事情での代替わりにおいても納税義務が生じないようにすることを目的として改正されたものである。

＜イメージ図…財務省資料より＞

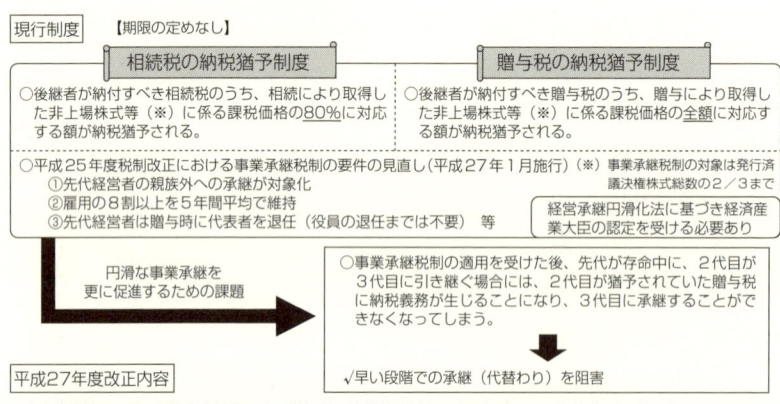

現行制度	【期限の定めなし】	
	相続税の納税猶予制度	贈与税の納税猶予制度
	○後継者が納付すべき相続税のうち、相続により取得した非上場株式等（※）に係る課税価格の80%に対応する額が納税猶予される。	○後継者が納付すべき贈与税のうち、贈与により取得した非上場株式等（※）に係る課税価格の全額に対応する額が納税猶予される。

○平成25年度税制改正における事業承継税制の要件の見直し（平成27年1月施行）
　①先代経営者の親族外への承継が対象化
　②雇用の8割以上を5年間平均で維持
　③先代経営者は贈与時に代表者を退任（役員の退任までは不要）　等

（※）事業承継税制の対象は発行済議決権株式総数の2／3まで

経営承継円滑化法に基づき経済産業大臣の認定を受ける必要あり

円滑な事業承継を更に促進するための課題　→　○事業承継税制の適用を受けた後、先代が存命中に、2代目が3代目に引き継ぐ場合には、2代目が猶予されていた贈与税に納税義務が生じることになり、3代目に承継することができなくなってしまう。
✓早い段階での承継（代替わり）を阻害

平成27年度改正内容

○事業承継の一層の円滑化を図るため、贈与税の納税猶予制度の適用を受けている者（2代目）が、一定の要件の下で3代目に対する株式の再贈与を行う場合に、2代目に贈与税の納税義務が生じないよう制度の拡充を図る。

先代　—株式の贈与→　2代目　—株式の贈与→　3代目
贈与税の納税猶予制度を適用可能に

② **改正の内容（措法70の7～70の7の4）**
　㋑　先代存命中で経営贈与承継期間経過後における代替わり
　　経営承継受贈者（2代目）が非上場株式等に係る贈与税の納税猶予を受けている場合において、その経営贈与承継期間経過後で先代が存命中に、後継者（3代目）に特例受贈非上場株式等を贈与する場合に、下記の要件を満たせば、その要件の適用を受ける特例受贈非上場株式等に係る経営承継受贈者（2代目）の猶予税額を免除する。
（a）経営承継受贈者が後継者へ特例受贈非上場株式等を贈与する。
（b）その後継者が贈与税の納税猶予制度の適用を受ける。
　㋺　経営贈与承継期間内におけるやむを得ない理由での代替わり
　　経営承継受贈者（2代目）が非上場株式等に係る贈与税の納税猶予を受けている場合において、経営贈与承継期間内に、経営承継受贈者（2代目）が後継者（3代目）へ特例受贈非上場株式等を贈与した場合（一定の場合に限る。）に、その後継者（3代目）が贈与税の納税猶予制度の適用を受けるときは、その適用を受ける特例受贈非上場株式等に係る経営承継受贈者（2代目）の猶予税額を免除する。
　　なお一定の場合とは、身体障害等のやむを得ない理由により、その経営承継受贈者（2代目）が認定贈与承継会社の代表者でなくなった場合である。
　　上記の改正は、相続税の納税猶予制度についても同様である。
　㋩　認定事務の都道府県への移譲等
　　経営承継円滑化法の改正を前提に、認定承継会社等に係る認定事務が都道府県に移譲されることに伴う所要の措置が講じられる。

3 実務上のトラブルの原因

2でも説明したように、本納税猶予制度を受けるためにはいくつかの厳しい条件があることに加え、定期的に必要事項の報告義務があるなどの問題点がある。

特に2の4で示した「事業継続要件」の中の1つである、事業継続期間の5年間にわたって雇用の8割を継続しなければ、納税猶予額の全額に利子税を加えて納付しなければならないこととなる。

4 トラブルを招かない実務上の留意点・問題点

本制度については、創設後の何度かの改正により、要件の部が緩和されるよう見直されている。

しかしながら、中小企業庁から発表された平成26年2月時点において、相続税の納税猶予の認定件数が521件、贈与税の納税猶予の認定件数は303件とかなり少ないのが実情である。

その最大の理由としては、3でも示した事業継続要件にあると思われる。

特に中小企業においては、経営者自身の能力等により、会社の経営状況が大きく変わることは一般的であり、先代から後継者への代替わりによって従来の取引先が離れていくことも珍しいことではない。

そういった状況で、後継者は何とか経営を継続・維持しようと努力するのであり、経営上の判断として規模を縮小してでも、会社を存続することを優先して考えることが通常の判断であろう。

その際には、やむを得ず従業員の一部を解雇せざるを得ないケースも、当然のように生じることになる。

つまり、「雇用の維持」という考え方が必要はないとはいえないが、

会社を継続することにより従業員の雇用を含め、日本経済の根幹ともいえる中小企業としての役割が果たせることを考えると、より現実的な要件に見直す必要があるのではないかと考える。

第4章

所得税関係の
形式基準の問題点と
その対応

01 経済的利益に対する課税 〜住宅家賃

問題の所在

○ 基本通達における「通常の賃貸料」が適正なものといえるか。

関係条文等

＜所得税法28条《給与所得》＞
　給与所得とは、俸給、給料、賃金、歳費及び賞与並びにこれらの性質を有する給与に係る所得をいう。

＜所得税法36条１項《収入金額》＞
　その年分の各種所得の金額の計算上収入金額とすべき金額又は総収入金額に算入すべき金額は、別段の定めがあるものを除き、その年において収入すべき金額（金銭以外の物又は権利その他経済的な利益をもって収入する場合には、その金銭以外の物又は権利その他経済的な利益の価額）とする。

＜所得税基本通達36-40《役員に貸与した住宅等に係る通常の賃貸料の額の計算》＞
　使用者（国、地方公共団体その他これらに準ずる法人（以下「公共法人等」という。）を除く。）がその役員に対して貸与した住宅等に係る通常の賃貸料の額（月額をいう。以下同じ。）は、次に掲げる算式により計算した金額（使用者が他から借りて貸与した住宅等で当該使用者の支払う賃貸料の額の50％に相当する金額が当該算

式により計算した金額を超えるものについては、その50％に相当する金額）とする。ただし、36-41に定める住宅等については、この限りでない。

$$\left\{\begin{array}{l}\text{その年度の家屋}\\\text{の固定資産税の}\\\text{課税標準額}\end{array}\times 12\%\begin{array}{l}\text{木造家屋以外}\\\text{の家屋につい}\\\text{ては10\%}\end{array}+\begin{array}{l}\text{その年度の敷地}\\\text{の固定資産税の}\\\text{課税標準額}\end{array}\times 6\%\right\}\times 1/12$$

（注1）家屋だけ又は敷地だけを貸与した場合には、その家屋だけ又は敷地だけについて上記の取扱いを適用する。

（注2）上記の算式中「木造家屋以外の家屋」とは、耐用年数省令別表第一に規定する耐用年数が30年を超える住宅用の建物をいい、木造家屋とは、当該耐用年数が30年以下の住宅用の建物をいう。）

＜所得税基本通達36-41《小規模住宅等に係る通常の賃貸料の額の計算》＞

36-40の住宅等のうち、その貸与した家屋の床面積（2以上の世帯を収容する構造の家屋については、1世帯として使用する部分の床面積。以下同じ）が、132㎡（木造家屋以外の家屋については99㎡）以下であるものに係る通常の賃貸料の額は、36-40にかかわらず、次に掲げる算式により計算した金額とする。

（注）敷地だけを貸与した場合には、この取り扱いは適用しないことに留意する。

$$\begin{array}{l}\text{その年度の家屋}\\\text{の固定資産税の}\\\text{課税標準額}\end{array}\times 0.2\% + 12円 \times \frac{\text{当該家屋の総床面積(㎡)}}{3.3㎡} + \begin{array}{l}\text{その年度の敷地}\\\text{の固定資産税の}\\\text{課税標準額}\end{array}\times 0.22\%$$

＜所得税基本通達36-45《使用人に貸与した住宅等に係る通常の賃貸料の額の計算》＞

使用者が使用人（公共法人等の役員を含む。以下同じ）に対して貸与した住宅等に係る通常の賃貸料の額は、36-41に掲げる算式により計算した金額とする。

＜所得税基本通達36-47《徴収している賃貸料の額が通常の賃貸料の額の50％相当額以上である場合》＞

　使用者が使用人に対して貸与した住宅等につき当該使用者から実際に徴収している賃貸料の額が、当該住宅等につき36-45により計算した通常の賃貸料の額の50％相当額以上である場合には、当該使用人が住宅等の貸与により受ける経済的利益の額はないものとする。

1 規定の概要

　上述のように所得税法28条１項では、給与所得について規定しており、その意味合いとしては「雇用契約又はこれに準ずる関係に基づいて提供される個人の非独立的ないし従属的な人的役務の提供の対価としての性質を持った所得」と解することができる。

　したがって、雇用関係等に基づいて労務の対価として支払われるものであれば、給料・賃金・賞与等に限らず、各種手当の名目で支払われるもののすべてが、その範囲に含まれることになる。

　また、所得税法によって居住者が納付する所得税の課税標準は、その居住者に帰属する一暦年間のすべての所得金額である。つまり、課税標準たる所得は、社会的事実に対する観念的把握であり、それを具体的に金銭価値として計測したものといえる。

　これを給与所得課税に当てはめて考えると、金銭支給の給与の他、食事の現物支給やレクリエーション費用を負担した場合等に役員や使用人が受ける「現物給与」についても、給与所得の収入金額に含まれることになる。

　ただし、現行法上は基本通達において、それらの現物給与について個々に一定の基準を設け、その基準の範囲内のものについては、所得税の課税を行わないこととしている。

その代表的なものの1つが、法人等が役員や従業員に貸与する社宅家賃であり、現行法上の算式による金額が適正であるかという点について、検討していく。

2 形式基準の内容

法人等が従業員に対して社宅を貸与する本来の意味合いとしては、従業員の福利厚生を充実する目的から、給与所得者が一定以上の家賃負担（適正家賃）をしていれば、経済的利益の課税は行わないというものである。

具体的に、適正賃料については、概ね次のように規定されている。

1 ●使用人に対する社宅等の貸与の場合

雇用者である法人が、使用人に対して無償又は低額な賃貸料で社宅等を貸与することよりその使用人が受ける経済的利益については、適正な賃貸料相当額と実際徴収額との差額が給与所得となる。

ただし、使用人から徴収している徴収額が次の算式による適正賃貸料相当額の50％以上である場合には、給与所得の課税は行わないこととしている。

＜適正な賃貸料（月額）の算式＞

$$\boxed{その年度の家屋の固定資産税の課税標準額} \times \frac{2}{1,000} + 12円 \times \frac{その家屋の総床面積\text{㎡}}{3.3\text{㎡}}$$

＋ その年度の敷地の固定資産税の課税標準額 × 2.2／1,000

2 ●役員に対する社宅等の貸与の場合

　法人が役員に対して、無償又は低額な賃貸料で社宅等を貸与した場合の経済的利益については、次の算式による適正な賃貸料と実際徴収額との差額が給与所得として課税対象となる（つまり、適正な賃借料の徴収があれば給与課税は行われないこいうことである。）。

① 使用者（法人）所有の社宅を貸与するケース

＜適正な賃貸料（月額）の算式＞

$$\left\{ \boxed{その年度の家屋の固定資産税の課税標準額} \times \frac{12}{100}_{(注)} + \boxed{その年度の敷地の固定資産税の課税標準額} \times \frac{6}{100} \right\} \times \frac{1}{12}$$

（注）木造以外の家屋については10／100

　　貸与する社宅等が床面積132㎡以下の小規模住宅（木造以外の家屋については99㎡以下）のケースについては、①の使用人のケースの算式による額を適正な賃借料の額とする。

② 他から借り受けた住宅等を貸与するケース

　　適正な賃借料（月額）＝使用者である法人が支払う賃借料の50％又は上記①の算式による額のいずれか多い額

③ 豪華役員社宅のケース

　役員に貸与している住宅等が、社会通念上一般に貸与している住宅と認められない、いわゆる豪華な役員社宅に該当する場合の賃借料の額は、その住宅等の利用につき法人が貸主に支払う賃料が適正な賃料となる。

　豪華な役員社宅の判定は、家屋の床面積が240㎡を超えるもののうち、その住宅の取得価額、支払賃料、内外装その他設備の状況を総合判断して行う。

　また、家屋の床面積が240㎡以下のケースであっても、一般の住宅には設置されていないプール等の設置があるものや役員個人の嗜好等を著しく反映したものは豪華役員社宅に該当するものとして取り扱われる。

3 実務上のトラブルの原因

具体的に、東京都新宿区高田馬場にある某マンションの1室について、現実の数値を基に適正家賃を計算すると次のようになる。

> ① **基礎資料**
> 構造…鉄骨鉄筋コンクリート造5階建、築12年、床面積…65㎡
> 土地の固定資産税課税標準…1,087,000円
> 建物の課税標準…4,829,000円
> ② **月額適正家賃（床面積が132㎡以下のため、従業員も役員も同じ）**
> 4,829,000円×0.2％＋12円×65㎡／3.3㎡＋1,087,000円×0.22％＝<u>12,285円</u>
> ＊使用人の場合には、12,285円×50％＝<u>6,142円</u>以上の賃料を徴収すれば、課税は行われない。
> ③ **実際に第三者に賃借している賃料　月額　142,000円**

仮に、このマンションを所有する法人が、使用人に対して月額6,200円で貸与した場合には、その使用人は年間で約162万円の経済的利益を受けるにもかかわらず、給与課税は行われないことになる。

現に公務員等については、都内の一等地である青山や渋谷にある高級官舎に数万円の家賃（国家公務員宿舎法に基づくもの）で居住しているという事実もある（仮に同様の物件を民間で賃借した場合の家賃は、最低でも50～60万円以上になると予想される物件である。）。

実は、この高級官舎については過去に国会の衆議院本会議でも取り上げられており、民主党の長妻議員からの質問に対し、次のような答弁がなされている。

「国家公務員高級官舎が現物給与に当たる疑いに関する質問同意書」
（平成15年5月20日提出　質問第79号）（抜粋）
≪長妻議員からの質問趣意書≫
　一．国家公務員が官舎に居住している場合、その官舎家賃が低額過ぎる場合、所得税法第36条及び同施行令第84条の2に基づいて現物給与と認定されれば、国家公務員といえども課税され得るか。認定の考え方をお示し願いたい。どの程度の低家賃であると課税されるのか詳細な基準も合わせてお尋ねする。
　二．一に関連して国家公務員が課税された例はあるか。
　三．上記の国家公務員の課税に関して精査するべきと考えるがいかがか。
≪内閣総理大臣　小泉純一郎からの答弁書≫
　一．について
　　所得税法第36条及び同施行令第84条の2の規定により、給与所得者たる使用人が雇用者の資産を専属的に利用している場合において、雇用者に支払っている使用料がその資産の利用について通常支払うべき使用料より低い額であるときは、その差額である経済的利益の額は、その給与所得者の収入金額に含まれて課税対象となる。このことは、国家公務員でも民間の給与所得者でも同様である。
　　給与所得者たる使用人が、雇用者から住宅を貸与されている場合は、その住宅の貸与が職務と密接に関連しており、安定性に乏しい点で一般の賃貸住宅の貸与と性格を異にしている面があること等を考慮し、通常支払うべき使用料の月額を別紙の計算式（筆者注：上記①の使用人に社宅等を貸与する場合の算式）により算定する旨を、国税庁の所得税基本通達で定めている。

また給与所得者が実際に支払っている使用料の額が、この計算式により算定した額の50％相当額以上であるときは、その給与所得者が住宅を貸与されることにより受ける経済的利益はない旨を、所得税法基本通達で定めている。
　この場合において、別紙の計算式により算定した通常の使用料の額は、全体として見れば妥当な基準となっていると考えられるが、個々の家屋の老朽の程度、構造等の違いにより、必ずしもその利用価値を反映しない場合もあるため、雇用主が住宅を貸与したすべての給与所得者から、その住宅の状況に応じて均衡のとれた使用料を徴収しているときは、住宅の貸与に係る経済的利益の有無を、個々の住宅ごとではなく、貸与している住宅の全部又は事業所等ごとの住宅の全部を基として判定して差し支えない旨を、所得税法基本通達で定めている。
二．について
　平成10年から平成14年において、国家公務員がその居住する国家公務員宿舎の使用料が低額であるとして、所得税法第36条及び同施行令第84条の2の規定に基づいて課税された例はない。
三．について
　一についてでもお答えしたとおり、所得税法基本通達では、雇用主がその貸した住宅の状況に応じて均衡のとれた使用料を徴収しているときは、住宅の貸与による経済的利益の有無を、貸与している住宅の全部又は事業所ごとの住宅の全部を基として差し支えないこととしている。
　個々の宿舎の使用料の額は、国家公務員宿舎法に基づき、建物の経過年数、立地条件等の宿舎の状況に応じて算定されており、これらを維持管理機関ごとに合計した額は、別表(注)のとおりである。
　これによれば、課税対象となる経済的利益は存在していないといえるので、お尋ねのような精査の必要はないものと考える。
(注) 別紙では、全国にある各官舎の徴収している使用料及び機

> 関ごと（衆議院、参議院、各省庁等）に基本通達によるプール計算した数値と比較したものが示され、基準額以上の徴収があると示されている。

＜参考＞国家公務員宿舎使用料（平成25年12月　財務省資料）
※見直し後（平成30年4月以降）の宿舎使用料の水準

○東京23区の場合

区　分		新築～15年			築26年（宿舎全体の平均）		
		現行	引上げ後	引上げ額	現行	引上げ後	引上げ額
独身用	新築～5年	12,900円	16,700円	3,800円	8,600円	13,400円	4,800円
	5～10年	11,600円		5,100円			
	10～15年	10,500円		6,200円			
世帯用	係長補佐 新築～5年	43,000円	60,000円	17,000円	27,900円	48,100円	20,200円
	5～10年	38,400円		21,600円			
	10～15年	34,800円		25,200円			
	幹部 新築～5年	92,100円	139,400円	47,300円	65,700円	116,300円	50,600円
	5～10年	84,000円		55,400円			
	10～15年	77,600円		61,800円			

○地方部（人口30万人未満の市町村（県庁所在地を除く））の場合

区　分		新築～15年			築26年（宿舎全体の平均）		
		現行	引上げ後	引上げ額	現行	引上げ後	引上げ額
独身用	新築～5年	7,900円	9,400円	1,500円	3,700円	4,800円	1,100円
	5～10年	6,600円	8,600円	2,000円			
	10～15年	5,600円	7,200円	1,600円			
世帯用	係長補佐 新築～5年	28,600円	33,800円	5,200円	13,500円	17,500円	4,000円
	5～10年	23,900円	31,100円	7,200円			
	10～15年	20,400円	26,400円	6,000円			
	幹部 新築～5年	53,800円	65,400円	11,600円	27,400円	35,600円	8,200円
	5～10年	45,700円	59,500円	13,800円			
	10～15年	39,300円	51,100円	11,800円			

○駐車場使用料（平面駐車場）

	現行	引上げ後	引上げ額
東京23区内の場合	5,000円	15,400円	10,400円
人口30万人未満の市町村の場合	2,400円	3,300円	900円

（注1）平成26年4月、28年4月、30年4月に3分の1ずつ引上げを実施
（注2）百円単位で端数整理

なお、上記した新宿区高田馬場の物件に当てはめると、東京23区内、築12年であることから、世帯用で係長補佐のケースで43,200円（34,800円＋25,200円×1／3）となる。

つまり、前述の使用人の適正家賃の50％（6,142円）以上となることから、現行法上は給与課税の問題は生じない結果となる。

4 トラブルを招かない実務上の留意点・問題点

1 ●現行制度の問題点

本件の問題点は、基本通達における適正家賃の算式は現代の家賃相場から考えると、現実離れしている、あまりにも低い数値が算定されるため、全く機能していないもの（課税が生じるケースはほとんどない。）であるということである。

上述の国家公務員宿舎法の数値で計算しても、一般相場の2分の1から4分の1以下のかなり低い数値になるのであるが、基本通達の数値は約10分の1以下の数値であり、"ほんの気持ち程度"の家賃を収受すれば、給与課税を受けずに多大な経済的利益が受けられるというのが現状である。

仮にすべての給与所得者が同様の経済的利益を受けられるのであれば、問題にしなくてもよいのかもしれないが、その恩恵を受けることができるのは、公務員や上場企業の従業員等ほんの一部の人間に限られているのが現実である。

具体的には、社宅制度等がない企業の従業員は、手取りの給料の中から家賃を負担しているのに対し、社宅制度がある企業の従業員は、低額の家賃負担で済むことから、そこで両者に税制面での格差が生じているということである。

つまり、福利厚生費として取り扱われる非課税現物給与の中に、実質的な「隠れた現物給与」部分が存在しているということである。

このような不合理な部分について、適正な所得課税を行うことが必要ではないかと考える。

2 ●適正な徴収すべき家賃の把握

　従業員等が雇用者である法人や国・地方公共団体が所有する社宅等に居住する場合に、どの程度の家賃負担をすれば給与課税を行わなくてもよいのかということであるが、次の事情も考慮する必要がある。

　つまり、従業員が社宅や寮で居住するのは、雇用主の業務遂行上の必要により、その居住の場所を制限しなければならないためであり、従業員の意思に基づくものではないケースもあるということである。

　そこで参考にしたいのが、借上げ社宅のケースにおける50％の負担の取扱いである。

　法人等が所有する社宅についても、一般相場である第三者に貸与すると仮定した場合の賃料の50％以上の賃料を徴収することによって、ある程度の公平性は保てるのではないかと考える。

　問題は、一般相場の数値をどのように把握するかということであるが、例えば各税務署単位で建築構造別の前述した国家公務員宿舎使用料の一覧表のようなスタイルで、その地区の家賃相場のサンプルを元にした平均値ベースの数値を公表し、それを基に適正家賃を把握するという方法が考えられる（前述した表では東京23区は同じ数値になるが、各区によって同じ広さでも家賃はかなり違うのが現実である。）。

　また、それに加えて路線価図等を利用して、その地区の利便性等を考慮したA〜Cなどと区分けをし、その基本数値にある程度の差をつけることができれば、より現実性を持たせることが可能になる。

　現行の固定資産税の課税標準をベースにした算式の乗数を10〜

20倍にするという方法も考えられるが、これは少し安易すぎる対応であると思われるとともに、借主が賃借物件の固定資産税の課税標準を把握できないケースがあることも含めて判断する必要がある。

所得税基本通達では、住宅家賃以外の現物給与についても、かなり詳細に規定しているので、その概要を以下にまとめるので参考とされたい。

<現物給与の課税関係>

区分	考え方	取扱い	留意点	根拠法令・通達
通勤手当と通勤用定期乗車券等	居住場所の選択は個人の自由意思で定められており、その居住地からの通勤費は所得の処分と考えるのが原則である。しかし、最近の住宅事情を考慮すれば、原則どおり考えることは実情に合わないため、公務員の通勤手当を参考にして非課税限度を定めた。（平成26年4月1日以降）	［交通機関又は有料道路利用者］ 　要する運賃等の額は非課税であるが、月額100,000円を限度とする。 ［自転車その他の交通用具の使用者］ ① 片道10km未満 　……1月4,200円が限度 ② 片道10km以上15km未満 　……1か月7,100円が限度 ③ 片道15km以上25km未満 　……1か月12,900円が限度 ④ 片道25km以上35km未満 　……1か月18,700円が限度 ⑤ 片道35km以上45km未満 　……1か月24,400円が限度 ⑥ 片道45km以上55km未満 　……1か月28,000円が限度 ⑦ 片道55km以上 　……1か月31,600円が限度 ［交通機関等のほか交通用具を使用する者］ 　運賃等と上記①～⑦の額との合計額とするが、月額100,000円が限度。	交通機関、有料道路等は、最も経済的、かつ、合理的（新幹線通勤を含む。）と認められる通常の通勤経路及び方法によって運賃等を計算する。 　合理的とは、運賃、時間、距離等を勘案する。	所法9①五 所令20の2 所基通 9-6の3

		◎特殊な事例 ［役員に対するグリーン定期乗車券の支給］：普通定期券との差額が課税対象となる。 ［深夜帰宅のタクシー代］：深夜勤務を常態とする場合は通勤費と同じ扱い。緊急業務等の場合は、出張費用と同じように当然会社が負担すべきものと考えられる。 ［新幹線通勤のケース］：新幹線通勤のケースであっても、上記の限度額の範囲内であれば、非課税として取り扱われる。		
衣類・身回品の支給	衣類等の購入のための支出を免れたという意味では経済的利益であるが、職務の必要から生じたものに対する配慮をする。	原則として課税対象となるが、次のものは非課税である。 ① 職務の性質上制服を着用すべき者が、使用者から支給される制服その他の身回品 ② ①の者が使用者から制服その他の身回品の貸与を受ける経済的利益 ◎特殊な事例 ［事務服等の貸与］：事務服、作業服等が職場においてのみ着用される場合には、制服に準じて非課税とされる。	身回品とは、職務の性質上着用すべき制服と一体となる帽子、シャツ、ネクタイ、手袋、靴、靴下等である。	所法9①六 所令21 所基通9-8
	住宅提供の場合も現物給与であることに変わりはない。しかし、雇用主の業務遂行上の必要によりその居住の場所を制限しなければならないた	［職務の遂行上居住することが必要な住宅等の貸与］ 　職務の遂行上やむを得ない理由に基づいて居住する家屋の貸与による次のような経済的利益については課税されない。 ① 船舶乗組員の船室 ② 看護師、守衛等に職務に従事させるため提供した家屋又は部屋 ③ 常時交替制による昼夜作業を継続する場合の常時早朝、深夜出退勤する使用人に対する作業上必要な家屋又は部	職務の遂行上やむを得ないものであるか否かの判定は容易ではないが、使用者から指定された場所に居住することがその職務を遂行するために不可欠であって、その間に自らの意思が制約され	所令21四 所基通36-40～48、36-26

01　経済的利益に対する課税〜住宅家賃

住宅の貸与等（本項のテーマ）		
め、特定の場所に社宅、寮等を定めている場合は、雇用主の必要によるものであり、使用人等の意思に基づくものではないから、経済的利益はないものとして非課税とされる。 　一般住宅等の場合は、実際賃貸料と家賃相当額との差額を経済的利益として課税する。ただし、一般の使用人については、現下の住宅事情に配慮して、家賃相当額（通常の賃貸料の額）の2分の1以上の賃料を徴収していれば現物給与とはしない。 　2分の1未	屋の提供 ④　深夜、早朝勤務を常例とするホテル、旅館、牛乳販売店等の住込使用人に提供する部屋 ⑤　季節労務者に提供する部屋、鉱山の堀採場勤務使用人に提供する家屋又は部屋 ⑥　紡績工場等寄宿舎又は事業所構内に設置されている部屋 ［一般住宅等の貸与］ （役員貸与住宅等） 　次の算式による金額を通常の賃貸料の月額として課税する。 ｛その年度の家屋の固定資産税課税標準額×12％＋その年度の敷地の固定資産税課税標準額×6％｝×1/12 （注）1　他からの借上住宅のときは、支払う賃借料の額の50％相当額が上記の金額を超えれば、その50％相当額とする。 　　　2　小規模住宅（床面積132㎡以下―木造家屋以外は99㎡以下）の場合は、下記の使用人の場合の算式による金額相当額とする。 （使用人貸与住宅等） 　次の算式による金額を通常の賃貸料の額とするが、実際徴収額がその50％相当額以上であれば経済的利益はないものとされる。	る強制居住者を意味することになろう。 　したがって、国家公務員の無料宿舎、又は公邸等もこれに含まれる。 　なお、左に掲げたのは例示でありこれ以外にも非課税となるものもある。 　家屋の法定耐用年数が30年を超えるときは、左の算式の12％は、10％として計算する。 　家屋だけ、又は敷地だけの貸与は左の算式のうちその部分だけを適用する。 　小規模住宅については敷地だけ貸与の場合の適用はない。 　役員の小規模住宅については、50％基準の適用はない。

249

満のときは、家賃相当額（2分の1しない額）との差額について課税される。	その年度の家屋の固定資産税課税標準額×0.2％＋12円×その家屋の総床面積/3.3（㎡）＋その年度の敷地の固定資産税課税標準額×0.22％ ◎特殊な事例 ［借上マンションの水道光熱費等］： 借上マンションの水道光熱費、冷暖房費は、本来居住者たる個人が負担すべきものであるから、これを法人が負担した場合には、現物給与とされる。 ［単身赴任者の社宅の重複使用］： 本社勤務であった役員が地方支店に単身赴任したため、本社社宅のほか支店社宅を使用したときは、2つの社宅の合計床面積によって小規模住宅か否かを判定し、適正賃料を計算する。 ［寄宿舎の燃料代等］：寄宿舎の電気、水道、ガス料金で、それが居住のために通常必要であり、各人ごとの使用部分が明らかでない場合の法人負担額は課税しない。 ［下宿代の補助］：部屋代と賄費に区分し（区分されていないときは合理的に区分する）それぞれ借上住宅、食事提供の現物給与の取扱いを適用してよい。 ［役員に対する豪華社宅の賃貸ケース］：法人が、役員に貸与した住宅等のうち、家屋の床面積が240㎡を超えるなど豪華社宅と判断されるケースについては、上記の算式は適用されず、通常の賃料と実際に支払う賃料との差額は課税対象となる。	敷地だけを貸与した場合には、この取扱いは適用しない。	

01　経済的利益に対する課税〜住宅家賃

食事の供与	食事は本来個人の所得の中から支弁されるものであり、これを他の者から支給されれば、経済的利益の供与となる。 しかし、職務上欠くことができないものや、少額であるものについては、福利厚生的な要素と考えられるから課税しない。 食事の評価は具体的な数値としてとらえ得るものによって行われる。	[食事の評価] ①　自社調理の場合……食事材料等に要する直接費に相当する金額 ②　他から購入する場合……購入価額に相当する金額 [一般使用人に支給する食事] 　実際徴収額が評価額の50％相当額以上であれば経済的利益はないものとされるが、評価額と実際徴収額との差額が月額3,500円を超えるときは、その経済的利益のすべてに課税される。 [船員に支給する食料] 　職務上欠くことができないものとして非課税とされる。 [残業又は宿日直者に支給される食事] 　本来の勤務時間外における残業、宿日直者に限ってその勤務に伴って支給される食事は課税されない。 ◎特殊な事例 [昼休みの電話当番に対する昼食]：宿日直と同様の取扱いはしない。 [社内給食設備を給食業者に提供するとき]：食事の購入価額で評価するのが原則であるが、調理人の派遣を依頼し、給食相当額を負担する場合は、直接材料費で評価してよい。 [強制居住者に対する食事の供与]：一般使用人に対する食事の供与と同様に取り扱われる（旅館の住込従業員等）。	食券支給の場合も、左の②によりその食事代金相当額によって評価する。 　したがって、一般使用人に対する食券は、券面金額の半額以上で販売し、券面額の合計額が5,000円超となるときは、これから3,500円を控除した金額を徴収すればよい。 　一般の警備員のように通常の勤務時間内に宿日直を行う者については、左の宿日直の食事の取扱いをしない。	所基通 36-38〜38の2 36-24 所令21①

251

商品・製品の値引販売等	商品、製品等の値引販売に係る経済的利益は原則として課税すべきであるが、一般顧客に対しても値引が行われるものであり、使用人等に対しての福利厚生的側面もあるので、一定の要件の下に課税しない。	[商品、製品の評価] ① その物が他に販売するものであるとき……通常の販売価額 ② その物が他に販売するものでないとき……通常の販売価額 [商品等の値引販売] 　次の要件を具備すれば経済的利益はないものとする。 ① 販売価額が取得価額以上で、他の販売価額の70％未満でないこと。 ② 値引率が一律又は地位、勤務年数等で合理的バランスが保たれていること。 ◎特殊な事例 [正販売後値引額を現金支給する場合]： 事務の簡素化のために行われることと考え、値引販売と認められる。 [掘採場勤務者に支給する燃料]： 社会通念上必要な厚生施設の設置に代えて支給すると認められる程度の石炭、薪等は課税しなくてもよい。	左の②の場合に、使用人に支給するために購入したもので、購入時から支給時までさして価額変動がなければ、購入価額によることができる。 　値引商品の数量は、一般の消費者が自己の家事のために通常消費する程度のものであること。	所基通 36-39 36-23・25
永年勤続者の記念品等	長時間の労に敬意を表するために贈るという限りは、一種の儀礼的側面を有するものとして課税しない。	永年勤続者の表彰記念金品等については、次の要件のいずれにも該当する限りは課税されない。 ① その利益の額が勤続年数等に照らして社会通念上相当であること。 ② その表彰がおおむね10年以上の勤務者を対象とし、5年以上の間隔をおいて行われること。 ◎特殊な事例 [旅行クーポン券を交付する場合]： クーポン券は金銭の支給とは考えられないから上記の要件を具備する限り課税されない。	記念品、旅行、観劇などに代えて記念品相当額の金銭を交付する場合には、左の取扱いは適用されず、課税される。	

創業記念品等	社会的儀礼上交付されるものであり、創業、増資、工事完成、合併等の記念の祝賀は、日常業務の中で頻発するものではないから、勤務の対価ではない。	創業記念、増資記念等の場合の記念品等は、次の要件のいずれにも該当する限り課税されない。 ① 社会通念上記念品としてふさわしいもので、処分見込価額が10,000円以下であること。 ② 一定期間ごとに到来する記念に際して支給する記念品は、相当な期間（おおむね5年以上）ごとに支給するものであること。 ◎特殊な事例 [記念品代を一部負担させる場合]：処分可能価額10,000円以下というのは基礎控除ではないから、上記の取扱いを適用することはできない。また、商品等であれば値引販売の変形と考えられる。	左の場合も現金に代えて金銭を交付した場合には適用されない。 処分見込価額が10,000円を超えるときは原則として通常の販売価額又は相当の価額を見積って課税する。	所基通36-22
福利厚生施設の用役提供	用役提供による経済的利益の提供があったことは事実であるが、福利厚生の一環と考えられる。	自己の営む事業の用役を無償又は低廉供与した場合及び福利厚生施設の運営費負担は、次の場合を除いて課税しなくてもよい。 ① 経済的利益が著しく多額であると認められるとき。 ② 役員のみを対象とするとき。 ◎特殊な事例 [茶道等の同好会の教師謝礼を法人が負担したとき]：同好会が福利厚生施設の一環として運営されている限り、上記の取扱いを適用し課税されない。	福利厚生施設については、使用者が自ら設置するもののほか、他の施設経営者との契約によって使用人等に利用させる場合を含む。	所基通36-29

第4章　所得税関係の形式基準の問題点とその対応

レクリエーション費用	レクリエーションは使用人等の融和を図り、勤労意欲を向上させるための支出であるから原則として課税しないが、給与の代替性を有すれば課税の対象となり得る。	社会通念上一般に行われていると認められる会食、旅行、演芸会、運動会等の行事の費用を使用者が負担しても、次の場合を除いて課税しなくてもよい。 ①　不参加者（使用者の業務の都合で参加できなかった者を除く）に対して参加に代えて金銭を支給する場合 ②　役員のみを対象とした行事である場合 ◎特殊な事例 ［従業員慰安のために海外旅行を実施した場合］：海外旅行のケースであっても、次の要件を満たすものについては、経済的利益の課税は行わない。 ①　目的地における滞在日数が4泊5日以内のものであること。 ②　旅行に参加する従業員の数が全従業員等（支店単位の場合は、その従業員数）の50％以上であること。	業務の都合で参加できなかった者についてのみ金銭が支給される場合はその者のみに課税されるが、自己都合による不参加者にも金銭交付をしたときは、参加者全員に対して課税される。	所基通36-30
慶弔金品等	使用者からの一方的な給付は課税対象とすべきであるが、その原因が祝事等であれば、雇用関係から儀礼的に支出されるものであるから、社会通念上相当な額であれば課税しない。	［雇用契約に基づいて支給される祝金品］ 　使用者から雇用契約等に基づいて支給される結婚祝、出産祝等の金品は、これを受ける者の社会的地位にるものは課税しなくともよい。 ［葬祭料、香典料等］ 　葬祭料、香典、又は災害時の見舞金については、これを受ける者の社会的地位、贈与者との関係に照らして社会通念上相当であれば課税しない。	労働協約、就業規則当使用者側の義務的支出でなくても、社会通念上相当なものであれば左の取扱いとなる。 　葬祭料に関しては、単なる取扱い上の配慮ではなく、非課税規定の適用である。	所基通28-5、9-32

254

01 経済的利益に対する課税～住宅家賃

| | | ◎特殊な事例
［社会通念上過大な祝金が贈られたとき］：社会通念上相当な額を超える部分が課税対象となるのではなく、全体が給与となる。
もっとも、支給に際して祝金と賞与に区分していれば、賞与部分だけが課税される。 | | |

＜少額現金給与及びその他の経済的利益＞

区分	考え方	取扱い	留意点	根拠法令・通達
夜勤食事代	金銭による給与は、原則として課税するのであるが、実費弁償の意味もあり、少額分は不追求とする。	深夜勤務者（午後10時から翌日午前5時まで）に対して、使用者が調理施設を有しないこと等のため、夜食の現物給与が著しく困難である場合に、通常の給与に加算して、1回300円以下を支給したものは課税されない。 ◎特殊な事例 ［深夜営業ドライブイン従業者に対する給付］：この取扱いは、あくまで夜食を現物給付することが困難な者に限られるから適用しない。	勤務が深夜であること、仕出弁当等の調達が困難であること、勤務1回ごとの定額支給であること等の要件に留意すること。	昭59直法6-5所3-8
宿日直料	宿日直に際して支給される宿日直手当は、給与と考えられる側面もないわけではないが、宿日直に伴う実質を弁償するという性格も	［通常の宿日直］ 　支給の基因となった勤務1回について支給する金額が4,000円までは課税されない。ただし次のものは課税される。 ① 留守番だけを行うため雇用された者又はその場所に居住し、休日夜間を含めて勤務するために雇用された者 ② 通常の勤務時間内に勤務として行った者及び休日休暇を与えられた者 ③ 給与等の額に比例して支給された者	宿直又は日直をすることによって、食事が支給される場合は、4,000円からその食事の価額を控除した金額とされる。 　左の③については、給与に正確に	所基通28-1・2

255

第4章 所得税関係の形式基準の問題点とその対応

	あるので、少額（1回当たり4,000円）であれば課税しないこととしている。食事が支給される場合は、その食事を含めて1回4,000円であるから留意する。	[宿直と日直を引き続いて行う場合] 　宿直、日直を各1回とし、1回の宿日直料のうち4,000円以下の部分については課税されない。 ◎特殊な事例 [超過勤務に引き続いて宿直を行った場合]：超過勤務手当は本来の給与であるから、課税対象とされる。これと宿直手当は完全に区分する必要がある。区分されていれば、1回当たり4,000円の部分については課税されない。 [役員の宿直]：役員の職務は本来宿直等になじむものではないが、実費弁償の実態を持つ限り同様の取扱いとなろう。	比例しなくても、給与等の段階区分に定められた額も課税対象となる。 　土曜日等勤務時間が短い日の宿直で通常の宿直料よりも多額のときも左に含む。	
保険料等	生命保険料や社会保険料で、役員、使用人が負担すべきものを使用者が支払った場合は、本来は経済的利益があるものとして給与所得の収入金額に算入すべきものである。しかし、その負担には福利厚生の性格を持つものもあり、少額不追	[定期保険料] 　法人が保険金の受取人であれば給与以外の損金、被保険者が受取人であって、役員、部課長その他特定の使用人を対象としている場合は給与とされる。 [損害保険料] 　役員又は使用人及びこれらと生計を一にする親族の所有する居住用家屋に対する火災保険料を負担しても給与として課税しない。ただし、保険満期払戻金が給付される保険契約の場合は課税される。 [少額保険料] 　保険料等の額が月額300円以下である場合は、役員等のみを対象としてその保険料を負担するときを除いて課税しなくともよい。	被保険者を受取人とするものであっても従業員全体を対象としていれば、給与以外の損金となる。左のただし書きの場合でも、保険契約者が使用者である場合は、満期返戻金は使用者に帰するから、役員のみを対象とするものでなければ課税されない。 　月額300円以下の判定に際し、半年払又は年払で	所基通 36-31・32

256

	求の考え方から、一定のものについては課税しないことにして取り扱うのである。	◎特殊な事例 [同族会社の家族である使用人のみを対象とする場合]：役員、部課長のみの場合と同じように取り扱われる。 [特約店の使用人を対象として掛捨保険料を負担した場合]：特定の使用人を対象とする場合でない限りは、販売奨励金の支払とされる（措通61の4（1）-7（注））。 [使用者が負担した保険料の所得控除]：給与として課税されたものを除いて社会保険料控除の対象とはならない。	ある場合は月割額に引き直す。	
損害賠償金	損害賠償金は本来行為者が負担すべきものであるが、業務上の行為に対して使用者責任の追及がなされるという実態も考慮している。	[業務遂行中で故意又は重過失がなかったとき] 　使用者が負担する損害賠償金は課税されない。 [上記以外の場合] 　行為者の給与に課税する。ただし、行為者に支払能力がない等のためにやむを得ず負担したときは上記に準ずる。 ◎特殊な事例 [業務遂行に関連する行為に課された交通反則金]：罰料金と同一視して考えれば、法人の負担したものは損金不算入の取扱いを受ける（法基通9-5-5）。	左の「上記以外の場合」に、使用者が使用人等に対する求償権を留保すれば、使用人等に対する債権であるとの取扱いとなる（法基通9-7-16）。	所基通36-33
ゴルフクラブの入会金等	法人が業務の遂行に必要な場合の加入金は資産性があり、特定の役員又は使用人が利用するためのもの個	[記名式法人会員] 　名義人たる特定の役員又は使用人がもっぱらその施設を利用すべきものと認められるときは、その者に対する給与とする。 [個人会員] 　会員たる役員又は使用人に対する給与とされる。ただし、法人会員制度がなく、	施設をもっぱら特定の個人が利用する場合でないときは、法人が資産に計上すれば認められる（法基通9-7-11）。 　年会費等は、入	所基通36-34～36-34の2

	であれば給与の性格があるので、その内容に従って取扱いが異なるのである。	人会員として入会した場合で、法人の資産に計上していれば、これが認められる。 ◎特殊な事例 [名義書換料]：会員権を他から取得する際の名義書換料は、その会員権の取得価額とされるが、すでに資産計上している会員権について名義人を変更するために支払った名義書換料は交際費等として取り扱われる（法基通9-7-13）。	会金が資産計上の場合は交際費、その入会金が給与とされれば給与の取扱いとなる（法基通9-7-13）。	
社交団体の入会金等	ゴルフクラブのように資産性（譲渡性）がないので、入会金が給与とされれば経常会費も給与とされ、経常会費以外の負担は、その内容によっては実態に適した取扱いがされる。	[入会金、経常会費] 　個人会員として入会する場合は給与とされる。ただし、法人会員制度がないために、個人会員として入会したときで、法人の業務の遂行上必要と認められるときは、この限りではない。 [経常会費以外の会費] 　個人会員として入会しており、その会員の負担すべきものは給与とされる。 ◎特殊な事例 [ロータリークラブ及びライオンズクラブの入会金等]：これらは社交団体とは区別されており、入会金、経常会費は交際費等、その他の負担額は、その費途に応じて交際費又は寄附金にされるが特定会員の負担すべきものは給与である。	法人会員として入会する場合は、入会金及び経常会費は交際費等とされる。左のただし書きの場合も同じである。経常会費以外の負担も、法人の業務の遂行上必要であれば、交際費等である（法基通9-7-14～15）。	所基通36-35

学資金・資格取得費用	修学費用や特定の資格取得費用については、社会的事業ではなく、雇用のもとに限定して行われる限りは給与ともいえる。しかし、昨今の国民の教育的事情や、就労上の必要性を考慮して特別の取扱いを行っている。	[修学費用] 　使用人の学校教育法第1条に規定する学校（大学及び高等専門学校を除く）の修学費用を負担したときは適正である限り課税しなくてもよい。ただし、役員又は使用人である個人の親族のみを対象とするものを除く。 [技術習得費用] 　職務に必要な技術の習得、免許又は資格習得のための研修会、講習会の出席費用又は大学の聴講費用に充てるため支給する金品については、これらの費用として適正なものである限り課税しなくて差し支えない。 ◎特殊な事例 [運転免許証の書換えに要する費用]：業務上自動車の運転をすることを必要とする使用人に対して、免許更新に通常要する費用を負担したときは、これらの費用が資格を継続することに必要な費用であることから、免許取得費用と同じように課税しないこととしている。 [自己啓発助成制度による研修受講費用のケース]：自己啓発助成給付金の交付を受ける法人等から自己啓発を行う従業員等に支給された研修受講費用については、次の要件を満たすものについては、経済的利益の課税は行わない。 ①　法人の業務遂行上必要なものであること。 ②　従業員間の格差がないこと。 ③　研修受講費用として適正額であること。	資格取得費用は、法人の業務の遂行上必要なものであることが要件となっているから、製造業に従事する者に対して税理士資格を取得する費用を負担した場合はこれに含まない。ただし、その者を経理部に配置換えすることを前提とすれば別である。	所基通9-14～16

| 新株引受権 | 株主等以外の者が有利な価額によって新株等を取得したときは、原則として一時所得の課税がなされる。ただし、給与の支払に代えて与えられたものは給与とする。同族会社の場合は株主等が引受権を辞退することによって親族等に贈与する場合が考えられるから、この場合は贈与税の対象となる。 | [課税の原則]　株主以外の者が新株引受権を与えられた場合は一時所得として課税される。しかし、役員又は使用人に支給すべきであった給与等に代えてなされたときは、給与所得又は退職所得とされる。[新株引受権の評価]　払込期日における時価から発行価額を控除した金額である。ただし、払込期日の翌月から１月以内に低落したときは、その最低価額を上記の時価とする。なお、評価は次による。（上場又は気配相場があるとき）　公表された最終価格（上記以外のとき）　売買実例があればその適正価額、実例がないときは類似法人の価額により比準し、これもないときは、純資産価額等から参酌する。◎特殊な事例[同族会社の株主が新株引受権を引き受けなかったため、その親族に割り当てた場合]：その引受権を引き受けなかった株主から割当てを受けた者に対する贈与があったものとされる（相基通9-4）。また、はじめから株主に割り当てずにその親族に対して割り当てた場合についても同じである。もっとも、給与等の支給に代えて行われたときは、給与所得又は退職所得等とされる。 | 単に従業員持株制度の実施に伴って新株引受権等を与えるときは、給与に代替するものではないから、一時所得とする。　株式等の価額と新株の発行価額の差額がおおむね10％未満であれば、有利な発行価額とはいえないから、課税関係は生じない。この場合の株式の価額は、発行決定前１月間の平均株価等によって判定される。 | 所令84①②所基通23～35共-6～9措法29の2 |

		[ストック・オプションの権利行使により新株を取得したケース]：商法のストック・オプションの規定により新株引受権を取得した取締役や使用人等が付与決議に基づき、契約に従って新株を取得した場合には、権利行使価額が1,000万円を超える場合（すでに行使したものがある場合にはその合計額）を除き、経済的利益の課税は行わない。		
無利息又は低利貸付の利子	使用者から無利子又は低利の貸付を受けたことによる経済的利益については、原則として課税すべきものである。しかし、災害等の場合にまで原則どおりの取扱いをすることには無理がある。また、給料の前貸等ごく短期間における少額の利子まで課税することは煩雑である。最近における住宅事情を考慮し、持家	[通常の取扱い] 　次の場合には課税されない。 ①　災害、疫病等の臨時的多額の生活資金を要する場合の合理的に認められる期間内の経済的利益 ②　役員等に対する貸付金につき、借入金の平均調達金利など合理的に認められる貸付利率による利息を徴収する場合の経済的利益 ③　上記①・②以外でその年（使用者が法人であるときは事業年度）における利益の額が5,000円以下のもの [通常取得すべき利率] 　経済的利益計算上の通常の利子は、他からの借入金のひも付貸付であればその利率、その他は前年11月30日現在の公定歩合に年4％の利率を加算した利率（0.1％未満の端数は切り捨てる。）とする。 [措置法特例] 　使用者から使用人が住宅資金の低利貸付や無利息貸付を受けた場合の経済的利益については、それが使用人たる地位に基づいて通常受ける水準を著しく超える	左記の③で使用者たる法人の事業年度が1年未満のときは、5,000円にその事業年度の月数を乗じ（1月未満端数切上げ）、12で除した額 役員又は役員の親族など特殊関係者に対するものについては適用されない。	所基通36-28 36-49 措法29 措令19の2

261

制度を促進する意味からも、居住用家屋及びその敷地取得資金については特例が置かれている。	場合は、その部分が課税される。「通常受ける水準」とは年1％未満であるから、年1％以上の利子を払っていれば、課税されない。低利貸付の場合に課税されるのは次の金額である。 　年1％で計算した利子相当額－実際に支払う利子の額＝課税される額 ◎特殊な事例 〔使用人の長男の大学入学金貸付〕：災害、疾病等と異なるから、原則どおり通常の利率で課税される。 〔役員について貸付限度が多いとき〕：役員のみの有利な貸付条件とは、貸付金限度、貸付期間、利率、担保等をいうから、一般の貸付金として前年11月30日現在の公定歩合に年4％の利率を加算した利率（0.1％未満の端数は切り捨てる。）が適用される。 〔銀行借入金のよる使用人住宅資金の貸付〕：使用人たる地位に基づいてその居住用住宅資金に充てる場合いは、措置法29条の適用があるから、たとえ使用者が貸付資金を銀行借入によっていても、1％基準が適用される。	使用人が金融機関から借り入れた住宅資金に使用者が利子補給をしたときも同じ扱いがある。

02 経済的利益に対する課税
～従業員慰安旅行の費用

問題の所在

○ 従業員慰安旅行を使用者が負担する場合に給与課税をしないとする現行基準は、適正なものといえるのか。

関係条文等

<所得税基本通達36-30《課税しない経済的利益…使用者が負担するレクリエーションの費用》>

　使用人が役員又は使用人のレクリエーションのために社会通念上一般的に行われていると認められる会食、旅行、演芸会、運動会等の行事の費用を負担することにより、これらの行事に参加した役員又は使用人が受ける経済的利益については、使用者が、当該行事に参加しなかった役員又は使用人(使用人の業務の必要に基づき参加できなかった者を除く。)に対しその参加に代えて金銭を支給する場合又は役員だけを対象として当該行事の費用を負担する場合を除き、課税しなくて差し支えない。
(注) 上記の行事に参加しなかった者(使用者の業務の必要に基づき参加できなかった者を含む。)に支給する金銭については、給与等として課税することに留意する。

<昭和63年5月25日直法6-9(例規)、直所3-13《所得税基本通達36-30(課税しない経済的利益…使用者が負担するレクリエーションの費用)の運用について》>

　標記通達のうち使用者が、役員又は使用人のレクリエーションのために行う旅行の費用を負担することにより、これらの旅行に参加

した従業員等が受ける経済的利益については、下記により取り扱うこととされたい。
　当該旅行の企画立案、主催者、旅行の目的・規模・行程・従業員等の参加割合・使用者及び参加従業員等の負担額及び負担割合などを総合的に勘案して実態に即した処理を行うこととするが、次のいずれの要件も満たしている場合には、原則として課税しなくて差し支えないものとする。
（1）当該旅行に要する期間が4泊5日（目的地が海外の場合には、目的地における滞在に数による。）以内のものであること。
（2）当該旅行に参加する従業員等の数が全従業員等（工場、支店等で行う場合には、当該工場、支店等の従業員等）の50％以上であること。

1　規定の概要

　従業員の慰安旅行の費用を、使用者である法人等が負担した場合には、原則的には現物給与であることから給与課税の問題が生じるのであるが、その慰安旅行の目的は基本的に従業員の福利厚生の一環として行われるものであることから、一定の要件を満たすものについては、給与課税を行わないこととしている。

2　形式基準の内容

　従業員慰安旅行の給与所得課税除外の認定基準については、創設後、何度かの改正が行われているが、現行法上は旅行の目的・規模・行程・従業員の参加割合及び負担額等を総合的に勘案して行うとしながらも、次の2つの基準をいずれも満たす場合は、原則として課税しないものとしている。

① 旅行期間が4泊5日以内（海外旅行の場合は、現地の滞在日数）の基準
② 従業員等の参加割合が50％以上

3 実務上のトラブルの原因

上記の2つの基準は、あくまでも原則としてのものであり、現にそれらの要件を満たしていても給与課税の適用除外が認められなかった事例もある。

【従業員の海外慰安旅行費用が給与等と判断された事例（東京高裁平成25年5月30日判決：TAINS Z888-1814)】

土木建築工事の請負を業とする法人が、マカオに2泊3日で行った従業員等の慰安旅行に要した従業員分の費用を福利厚生費として処理したところ、1人当たりの費用が24万1,300万円という高額であることを理由に、給与所得であると判断された事例。

この他にも平成8年1月26日裁決では、シンガポールへの3泊4日（1人当たり約34万円）、アメリカ西海岸への3泊4日（1人当たり約45万円）、カナダ3泊4日（1人当たり約52万円）が給与等として課税されると判断された事例もある。

4 トラブルを招かない実務上の留意点・問題点

1 ●制度上の問題点

現行法上は、基本的には旅行期間基準（4泊5日）と参加割合基準（50％以上）をベースとしながらも、福利厚生の意味合いを超えた豪華な旅行については給与課税を行うというスタンスで対応しているように思われる。

ただし、現実問題としてこの取扱いが定められた昭和の時代と、

今日の福利厚生事情はだいぶ変わっており、従業員全員で慰安旅行に行くという慣行はかなり少なくなっているのが実情である。

また、法人等の業務への影響を考慮し、数年に1度のペースで慰安旅行を行ったり、いくつかのグループ分けをしてゴルフ旅行等へ行ったりするケースも増えているように見受けられる。

むしろ若年層にとっては、会社全体で慰安旅行を行うよりも上記のようなある程度の自由度を持った福利厚生の方がリフレッシュできて、業務に対してプラスになる効果が大きいのではないかと考える。

問題は、そのような形での旅行等を行った場合の費用を法人が負担した際に、給与課税の対象となるか否かということである。

2 ●新たな福利厚生制度への課税の対応

最近では上場企業を中心として、福利厚生制度としてカフェテリア・プラン制度＊を採用している法人もあることから、一連の経済的利益関係の基準について、特に機会均等の考え方の厳密性を中心に、改めて検討し直す時期に来ているのではないかと思われる。

●カフェテリア・プラン制度とは

カフェテリア・プランとは、アメリカにおいて福利厚生費の増加に対処する手段として開発されたものである。

その内容は、従来から行われている一律定型的な福利厚生の給付とは異なり、企業が複数の福利厚生メニューを従業員に提示し、従業員が一定の持ち点の範囲内でその中から必要なものを選択できる制度で、「選択型企業福利厚生制度」ともいわれている。

④ カフェテリア・プランのメニュー

カフェテリア・プランのメニューの範囲は、個々の企業ごとに異なるが、一般的には、住宅ローンの利子補給・借上げ社宅・人間ドック補助・社内託児施設・医療保険補助・レジャー施設利用料補助などが実施されているケースが多いようである（実際に導入している

企業としては、株式会社ベネッセコーポレーションと株式会社西友が有名である。いずれもかなり多くのメニューの中から選択できるようになっている。）。

㈹　カフェテリア・プランの税務上の取扱い

現行法上、カフェテリア・プランでは様々な形の福利厚生行為が行われるものの、それらをまとめて給与課税の可否を判断することはできないことから、個々のメニューごとに判定することとしている（各従業員が持ち点の範囲内で行うものであることから、従来の慰安費用で判定基準となっていた従業員間の公平性については、その範疇に含めて取り扱うということであろうと考えられる。）。

具体的に、いくつかのケースの取扱いをみていきたいと思う。

(a)　旅行費用やコンサートチケットの購入代金の一部を負担するケース

このケースでは、会社が企画・立案したレクリエーション行事のように従業員に対して一律にサービスが供与されるものではなく、負担を受ける従業員に限り供与されるものであることから、個人の趣味・娯楽による旅行費用等の個人が負担すべき費用を負担しているにすぎないことから、給与所得として課税対象となる。

(b)　健康サポートとして、精神科医のメンタルチェックや内科医の健康相談などの費用を負担するケース

このケースでは、その健康サポートのメニューが、従業員の健康管理等の必要から一般に実施されている健康診断の範疇で捉えられるものであれば、給与課税の必要はないと考えられる。

ただし、その健康サポートの内容がかなり高額な費用を要するもの（例えば脳ドックやＰＥＴ検査など）で、一部の者だけしか受けられないようなものである場合には、それらの者に対する給与所得となる。

おわりに

　以上「税務形式基準」について、判例等を中心に問題点をみてきたが、実務上で注意したいのは、取引における税務判断上の最も重要なポイントは課税要件であるという点である。

　つまり、税法における「別段の定め」に該当するか否かは、課税要件を満たすかどうかによって判断されるのである。

　それらの多くについては、租税法律主義における「課税要件法定主義」や「課税要件明確主義」によって、納税者にとっても理解しやすい内容になっているのであるが、明らかにそうではない条文や判断が難しいものもあるため、その判断要素の1つとして「税務形式基準」が用いられている部分があるということである。

　しかもそれらの中には、社会情勢が大きく変わり、実情とはそぐわないにもかかわらず、何十年も前から見直されていないものが少なからず存在しており、実務上、納税者や税理士が困惑するケースも少なくない。

　つまり「税務形式基準」は、法令で明確に定義されているものを除けば、参考資料程度の位置付けであることから、それに振り回されるような絶対的な規定ではないといえる。

　したがって、我々税理士は実務家として、「税務形式基準」の位置付けを法令に照らして理解することを心掛けるようにし、仮に形式基準に合致しないものであっても法的に合理的な内容が説明できるものであれば、主張すべきものと考える。

　　　　　　　　　　　　　　　　　　　　　　　　著　者

【執筆者紹介】

嶋　　協（しま　かのう）
税理士

＜略歴＞
昭和36年生まれ。青森県八戸市出身。平成元年税理士登録。
学校法人大原簿記学校税理士科法人税課、山本守之税理士事務所勤務を経て、現在、神田神保町にて嶋税理士事務所開業。

日本税務会計学会　経営部門常任委員
東京税理士会　会員相談室委員（消費税担当）
東京地方税理士会　税法研究所研究員（法人税担当）
東京税理士会　調査研究部委員

＜主な著作＞
『相談事例で見る中小・同族会社の税務対策』（中央経済社）
『税務調査で問題になる法人税・消費税の税務処理対策』（日本実業出版社）
『－経理マン・税理士からの相談事例による－間違えやすい法人税・消費税の実務ポイント』（税務研究会）
『いまさら人に聞けない役員給与・経済的利益の実務』（セルバ出版）
『法人税申告の実務全書』（共著・日本実業出版社）
『社長と会社の事業承継実務全書』（共著・日本実業出版社）
『相続・贈与をめぐる節税対策のすべて』（共著・日本実業出版社）

＜講演活動＞
東京税理士会及び関東信越税理士会等の支部研修やTKC等の民間研修機関において、主に実務家及び経理担当者を対象とした法人税・消費税実務中心の講演活動を行う。

税務形式基準の実務対応 トラブルの回避と判断上の問題点

2015年6月5日 発行

著 者 　嶋　　協 ⓒ

発行者 　小泉 定裕

発行所 　株式会社 清文社

東京都千代田区内神田1-6-6（MIFビル）
〒101-0047　電話03(6273)7946　FAX03(3518)0299
大阪市北区天神橋2丁目北2-6（大和南森町ビル）
〒530-0041　電話06(6135)4050　FAX06(6135)4059
URL http://www.skattsei.co.jp/

印刷：奥村印刷㈱

■著作権法により無断複写複製は禁止されています。落丁本・乱丁本はお取り替えします。
■本書の内容に関するお問い合わせは編集部までFAX（03-3518-8864）でお願いします。

ISBN978-4-433-53415-8